西安外国语大学资助立项教材

金融科技系列教材　总主编　李村璞

量化投资技术

LIANGHUA TOUZI JISHU

高　妮　主编

西安交通大学出版社
XI'AN JIAOTONG UNIVERSITY PRESS

内容简介

本教材主要讲述量化投资的思想和策略,并借助 Python 语言进行实战。本教材共分 3 部分,第 1 部分是量化投资概述,第 2 部分是量化投资之 Python 工具,第 3 部分是量化投资之机器学习应用。首先,本教材对量化投资策略进行了介绍;其次,本教材对 Python 编程语言进行了简要介绍,通过学习,读者可以迅速掌握用 Python 处理数据的方法,并灵活运用 Python 解决实际金融问题;最后,本教材向读者讲述了机器学习方法在量化投资中的应用,包括回归分析、决策树与随机森林、人工神经网络、支持向量机和深度神经网络等在量化选股、择时交易、趋势预测等方面的应用。

本教材的适用对象为量化投资的初学者,包括高校金融学、金融科技专业高年级本科生和研究生。

图书在版编目(CIP)数据

量化投资技术 / 高妮主编. — 西安:西安交通大学出版社,2024.1
金融科技系列教材
ISBN 978-7-5693-3290-2

Ⅰ.①量… Ⅱ.①高… Ⅲ.①投资-量化分析-高等学校-教材 Ⅳ.①F830.59

中国国家版本馆 CIP 数据核字(2023)第 149112 号

书　　名	量化投资技术 LIANGHUA TOUZI JISHU
主　　编	高　妮
责任编辑	王建洪
责任校对	祝翠华
装帧设计	伍　胜
出版发行	西安交通大学出版社 (西安市兴庆南路 1 号　邮政编码 710048)
网　　址	http://www.xjtupress.com
电　　话	(029)82668357　82667874(市场营销中心) (029)82668315(总编办)
传　　真	(029)82668280
印　　刷	西安明瑞印务有限公司
开　　本	787 mm×1092 mm　1/16　印张 10　字数 250 千字
版次印次	2024 年 1 月第 1 版　2024 年 1 月第 1 次印刷
书　　号	ISBN 978-7-5693-3290-2
定　　价	42.80 元

如发现印装质量问题,请与本社市场营销中心联系。
订购热线:(029)82665248　(029)82667874
投稿热线:(029)82665379　QQ:793619240
读者信箱:793619240@qq.com

版权所有　侵权必究

金融科技系列教材

编写委员会

总 主 编：李村璞

编委会成员：庞加兰　田　径　王新霞

　　　　　　　高　妮　康俊民　刘昌菊

　　　　　　　熊　洁　杜　颖　黄仁全

　　　　　　　张伟亮

策　　　划：王建洪

序

金融科技系列教材终于要出版了,这是西安外国语大学经济金融学院组织编写的第一套教材。我相信很多读者一定会有一个疑问,外语类院校中一个非主流的经济金融学院怎么能编写出一套合格的金融科技系列教材呢?对于这个疑问的回答,也就形成了这篇序言。

西安外国语大学经济金融学院是一个年轻的学院,学院设立刚刚10年时间。学院的老师很年轻,平均年龄36岁,这是我们的优势,也是我们的劣势。在强手如林的国内经济学界,我们要想有一点显示度,必须要励精图治,精心策划。我们这群年轻人经过认真的调研和考量,在众多的领域内选定了金融科技作为主攻方向。2018年,学院就开始了全面的筹划和实施,首先要解决的是"人"的问题。金融科技是一个新兴的领域,人才的培养并没有及时地跟上,同时一个地处西部的外语类院校要想引进金融科技的专业人才是非常困难的。我们凭借着热情和冲动,凭借着涉猎了几本书籍的薄弱基础,怀揣着对金融科技的懵懂认识,先后引进了无人驾驶汽车方向的博士、地对空导弹方向的博士、卫星图像识别方向的博士、计算机算法方向的博士,以及三个数学方向的博士和十几个金融方向的博士,按照我们初步的设想,金融科技的教学研究团队基本形成。团队形成后,首先想到的就是编写教材,一是团队想率先建立金融科技的教材体系,占领这个空白的领域;二是想系统性地梳理总结相关的内容,希望编写教材成为团队学习提高的过程。团队参考了很多学者前期的成果,很有收获,同时团队也觉得要面向市场需求,要搞清楚金融科技在相关领域的发展状态。2019年夏天,学院资助五名优秀学生前往美国华尔街,开展了为期一个月的金融科技实习活动,反馈的信息让我们清晰地触摸到了金融科技在现实商业活动中的应用状况,正是基于市场中的应用和现实需求,产生了这套金融科技系列教材体系的雏形。

这套金融科技系列教材既考虑了市场的真实需求,也是三年来教学环节反复实践的结果。这个系列由9本教材组成,包括《金融科技的语言基础——Python语言基础及金融应用初步》《大数据时代·金融营销》《大数据与金融导论》《智能金融》《金融科技概论》《区块链金融》《金融科技与现代金融市场》《量化投资技术》

《监管科技》。在编写这套教材的初期,我们就赋予了它"全媒体的概念",希望把这套教材打造成一个金融科技的全媒体学习平台,而不仅仅是一套纸质的教科书,第一版不一定能实现我们的目标,但这是我们努力的方向。

对于一个外语类院校的经济金融学院来说,编写一套金融科技教材应该是可以骄傲一回的,当我们站上讲台时,我们可以骄傲地对学生说,你们的老师一直在努力追求卓越。这套教材也许有很多不尽如人意的地方,也许还会有错误,我们真诚希望得到您的指正。

李村璞

2021 年 7 月于长安

前言

进入21世纪,以互联网的普及、新智能计算理论与方法的涌现、高速存储能力的提升、高速并行算法的提出为特征的信息技术得到飞跃式发展,为量化投资的迅速发展奠定了坚实的技术基础,且投资者尝试通过设计计算机程序来帮助自身完成繁杂、频繁的下单指令,并逐步提出了量化投资的系列理论方法。量化投资是由信息化与自动化技术的飞速发展引发的金融投资技术革命的重要体现,已成为金融投资领域特别是机构投资者非常关注的研究热点,有望为高效率执行频繁且复杂的证券交易任务提供一种有效的解决方案。

随着大数据、人工智能、区块链等技术逐渐上升到国家战略高度,以及我国资产证券化和证券市场的迅速发展,量化投资交易在国内不再是"纸上谈兵",投行和基金公司尤其是对冲基金公司,以及其他金融机构的风险管理类岗位对拥有金融专业知识和计算机技术开发知识的复合型金融科技人才的需求非常迫切。然而,市场上较为系统深入地讨论量化投资技术理论和应用的书籍较为缺乏,这正是本教材编写的目的。

本教材主要讲述量化投资的思想和策略,并借助Python语言进行实战。本教材共分3部分,第1部分是量化投资概述,第2部分是量化投资之Python工具,第3部分是量化投资之机器学习应用。首先,本教材对量化投资策略进行了介绍;其次,本教材对Python编程语言进行了简要介绍,通过学习,读者可以迅速掌握用Python处理数据的方法,并灵活运用Python解决实际金融问题;最后,本教材向读者讲述了机器学习方法在量化投资中的应用,包括回归分析、决策树与随机森林、人工神经网络、支持向量机和深度神经网络等在量化选股、择时交易、趋势预测等方面的应用。另外,本教材有技术、有案例、有工具、有总结,可带领读者进入引人入胜的量化投资实务领域。

本教材的适用对象为量化投资的初学者,包括高校金融学、金融科技专业高年级本科生和研究生。同时,学习本课程要求学生先修"金融投资""Python语言基础""量化投资"等基础课程。至于教学安排,建议教学时间为18周,每周2学时。通过本课程的学习,学生能够熟练掌握Python软件的基本操作,能够利用

Python 对金融数据进行量化投资分析，能够利用回归分析、决策树与随机森林、人工神经网络、支持向量机等方法进行量化投资实战。最终，使得将来从事量化投资的学生能快速掌握量化投资分析工具和方法。

本教材是作者根据自己在量化投资策略的开发、使用和教学中的经验，并在参考量化投资和 Python 编程方面的大量书籍、文章等资料的基础上编写而成的，在此，向这些资料的作者表示衷心的感谢！由于编者的知识和经验有限，书中难免存在不足之处，敬请各位读者批评指正。

高妮

2023 年 8 月

目 录

第 1 部分 量化投资概述

第 1 章 量化投资概念 ... 3
1.1 什么是量化投资 ... 3
1.2 量化投资的特点和优势 ... 4
1.3 量化投资国内外发展状况 ... 8

第 2 章 量化投资策略 ... 13
2.1 量化选股 ... 13
2.2 量化择时 ... 21
2.3 投资组合 ... 28
2.4 算法交易 ... 30

第 2 部分 量化投资之 Python 工具

第 3 章 Python 量化语言介绍 ... 37
3.1 基础知识 ... 37
3.2 基本数据结构 ... 42
3.3 选择与循环 ... 50
3.4 函数 ... 54

第 4 章 Python 量化工具 ... 58
4.1 科学计算 NumPy ... 58
4.2 数据分析 Pandas ... 62
4.3 数据可视化 Matplotlib ... 66

第 3 部分 量化投资之机器学习应用

第 5 章 回归分析 ... 83
5.1 一元线性回归模型 ... 83
5.2 案例:股市指数回归分析的 Python 实战 ... 85

5.3 多元线性回归模型 …… 90
5.4 案例:股票收益率多元回归分析的 Python 实战 …… 91

第 6 章 决策树与随机森林 …… 94
6.1 决策树概述 …… 94
6.2 CART 算法 …… 96
6.3 案例:沪深 300 指数趋势分类预测的 Python 实战 …… 100
6.4 随机森林 …… 107
6.5 案例:上证综指预测的 Python 实战 …… 110

第 7 章 人工神经网络 …… 117
7.1 人工神经网络概述 …… 117
7.2 人工神经网络基本原理 …… 119
7.3 BP 网络 …… 122
7.4 案例:深圳综指预测的 Python 实战 …… 123

第 8 章 支持向量机 …… 129
8.1 支持向量机概述 …… 129
8.2 支持向量机分类模型 …… 130
8.3 案例:股票趋势预测的 Python 实战 …… 132

第 9 章 深度神经网络 …… 137
9.1 LSTM 概述 …… 137
9.2 深度学习模型网络结构与工作原理 …… 137
9.3 案例:股票价格预测的 Python 实战 …… 144

参考文献 …… 150

第1部分

量化投资概述

第1章　量化投资概念

1.1　什么是量化投资

1.1.1　量化投资定义

量化投资是以数据为基础，以策略为核心，通过数量化方式及计算机程序化发出买卖指令，以获取稳定收益为目的的交易方式。与传统的投资方法不同，量化投资利用计算机程序帮助人脑完成繁杂、频繁的下单指令，并进行量化投资决策。

量化投资在海外的发展已有几十年的历史，其投资业绩稳定，市场规模和份额不断扩大，得到了越来越多投资者的认可。从全球市场的参与主体来看，按照管理资产的规模，全球排名靠前的资管机构，都是依靠计算机技术来开展投资决策的，由量化及程序化交易所管理的资金规模在不断扩大。

事实上，互联网的发展使得新概念在世界范围的传播速度非常快，作为一个概念，量化投资并不算新，国内投资者早有耳闻。但是，真正的量化基金在国内还比较罕见。同时，机器学习的发展也对量化投资起到了促进作用。

量化投资的一般步骤为：数据化、预测模型、构建组合、再平衡，如图1-1所示。

图1-1　量化投资步骤

(1)数据化：主要任务是把不可观测的变量数据化，如风险情绪。
(2)预测模型：选择合适的模型预测收益和风险。
(3)构建组合：根据预测结果，按照规则选择对象构建组合。
(4)再平衡：定期或者不定期进行再平衡，可以提高投资收益。

1.1.2　量化投资特点

量化投资区别于定性投资的鲜明特征就是模型，对于量化投资中模型与人的关系，大家也比较关心。打个比方来说明这种关系,我们先看一看医生治病,中医与西医的诊疗方法不同,中医是望、闻、问、切,最后判断出结果,很大程度上基于中医的经验,定性程度上大一些;西医就不同了,医生往往会先要求病人去拍片子、化验等,这些都要依托于医学仪器,最后得出结论,对症下药。

定性投资和定量投资的具体做法有些差异,这些差异如同中医和西医的差异,定性投资更像中医,更多地依靠经验和感觉判断病在哪里;定量投资更像是西医,依靠模型判断,模型对于定量投资基金经理的作用就像医学仪器对于西医医生的作用。在每一天的投资运作之前,投资基金经理会先用模型对整个市场进行一次全面的检查和扫描,然后根据检查和扫描结果做出投资决策。

量化投资和传统的定性投资本质上来说是相同的,二者都是基于市场非有效或弱有效的理论基础。两者的区别在于量化投资管理是"定性思想的量化应用",更加强调数据。量化投资具有以下几个方面的特点。

1. 纪律性

根据大规模的数据并利用模型的运行结果进行投资决策,在执行时不受投资者情绪的影响,不是凭感觉。纪律性既可以克制人性中贪婪、恐惧和侥幸心理等弱点,能有效克服认知的偏差,又可以快速地跟踪市场变化,不断发现能够提供超额收益的量化投资模型,寻找新的交易机会。

2. 系统性

系统性具体表现为"三多":一是多层次,包括在大类资产配置、行业选择、精选具体资产三个层次上都有模型;二是多角度,定量投资的核心思想包括宏观周期、市场结构、估值、成长、盈利质量、分析师盈利预测、市场情绪等多个角度;三是多数据,即对海量数据进行处理。

3. 套利思想

定量投资通过全面、系统性的扫描,捕捉错误定价、错误估值带来的机会,从而发现估值洼地,并通过买入低估资产、卖出高估资产而获利。

4. 概率取胜

一方面,量化投资不断从历史数据中挖掘一定的规律并加以利用,这些规律可较大概率获取投资收益;另一方面,在有效控制风险的前提下,量化投资可以起到分散化投资的作用,依靠组合资产取胜,而不是单个资产取胜。

1.2 量化投资的特点和优势

1.2.1 量化投资与传统投资的区别

量化投资与传统投资在代表人物、使用人群、交易方法、侧重点、信息来源、收益来源、投资风格、投资标的、分析工具、处理信息量的能力、认知偏差、风险处理等方面有以下区别,如表1-1所示。

表 1-1 量化投资与传统投资的区别

区别项目	量化投资	传统投资
代表人物	詹姆斯·西蒙斯	沃伦·巴菲特
使用人群	机构用户为主	普通股民
交易方法	通过量化模型来寻找交易策略,利用人工智能帮助人脑处理大量信息,并进行自动化决策交易	人工基本面分析和技术分析
侧重点	模型建立后,通过历史数据回测及实盘检验,确定模型在各个行情阶段均有优秀表现	注重人为的分析和主观感觉
信息来源	海量数据以及多层次多方面的因素（定量分析）	基本面及宏观经济（定性分析）
收益来源	多股票之间的波段机会; 合理的择时及仓位管理; 多因子模型组合有效获利	着重于有限个股的波段操作
投资风格	投资周期偏向短期	投资周期偏向长期
投资标的	分散化	投资于某一只或少量股票
分析工具	数据库、编程平台、量化家平台	通达信、同花顺等辅助终端
处理信息量的能力	高	低
认知偏差	无	大
风险处理	在风险最小化前提下实现收益最大化	风险考虑不周全

1.2.2 传统投资的局限性

在量化投资兴起之前,市场上一直盛行的是以巴菲特"价值投资"为代表的定性投资。定性投资对投资者的个人素质要求较高,需要投资者具备极强的市场动向预判能力,同时还要辅以大量的投资经验,具有一定的主观性,风险较大,收益率不确定。

投资按照灵活性不同一般可分为主动型投资和被动型投资,被动型投资即一般所说的指数化投资,主动型投资又可以分为传统投资和量化投资,如图 1-2 所示。传统投资包括基本面分析和技术分析,基本面分析主要包括对宏观经济环境、产业层面、公司基本面等方面的分析,技术分析则主要是通过分析市场行为,对证券未来的价格变化趋势进行预测的研究行为。量化投资融合了基本面分析和技术分析等多种手段,有效克服了传统投资主观性强、处理速度慢等弊端,具有纪律性、系统性、及时性、分散化等优势。

所有的主动型基金经理都试图战胜市场以期获得超过市场基准的超额收益。然而,传统的主动型基金经理的绩效一般都很难达到期望值,这也许印证了有效市场理论(EMH)的观点——市场是无法被超越的。但是,我们可以从另外一个角度去思考这个问题,传统主动型投资有时的失败也许并不是因为无法超越市场效率的限制,而是由于其本身内在的缺点所致。

图1-2 投资分类

(1)传统主动型投资受到人类思维可以处理的信息量的限制。人类思维在任何时候都只能考虑有限数目的变量,因此对任何一个基金管理者来说,对大量股票都进行深入分析是不现实的。例如,对于600只的股票样本,被一个传统主动型基金经理紧密跟踪的也许只包括200只,这样就会明显排除从其他股票获益的机会。

(2)传统主动型投资容易受到认知偏差的影响。任何人的认知偏差及根深蒂固的思维习惯都会导致决策的系统误差。例如,大多数人都只愿意记住自己成功的喜悦而不愿记住失败的教训,所以在处理问题时一般都会表现出过度自信。行为金融学的研究也表明,认知偏差会歪曲投资者的决策从而对其投资行为产生影响。

(3)传统主动型投资更强调收益率而不是风险控制,更加偏重个股挖掘而不是投资组合构造。由于对传统主动型基金的业绩衡量基准缺乏明确的定义,相应地,对其基金经理的投资资产配置也就缺乏严格的限制,这使得基金经理倾向于偏离潜在的业绩基准,在盲目追求高收益的同时,较少考虑相应的风险控制,这也是传统主动型投资未能取得期望优异绩效的原因之一。

1.2.3 量化投资的优势及其市场特点

随着信息技术和计算机技术的发展,一种定量的投资方式悄然兴起,它通过建立合适的数学模型,对大量数据进行分析,准确地把握市场趋势和动向,一切的交易都按照计算机程序的指令完成,排除了人为的认知偏差和主观判断,同时,通过计算机进行精准的操作,极大地降低了风险,保证了投资的收益率。

量化投资是区别于传统定性投资而言的。量化投资通过借助统计学、数学方法,运用计算机从海量历史数据中寻找能够带来超额收益的多种"大概率"策略,并纪律严明地按照这些策略所构建的数量化模型来指导投资,力求取得稳定的、可持续的、高于平均的超额回报,其本质是定性投资的数量化实践。由此可见,所有采用量化投资策略的产品(包括普通公募基金、对冲基金等)都可以纳入量化基金的范畴。量化投资最大的特点是强调纪律性,即可减小投资者主观情绪的影响。

量化投资和传统的定性投资本质上是相同的,二者都是基于市场非有效或是弱有效的理论基础,基金经理可以通过对个股基本面、估值、成长性等方面的分析研究,建立战胜市场、产生超额收益的组合。不同的是,传统定性投资较依赖对上市公司的调研,并加以基金经理的个人经验及主观判断,而量化投资则是将定性思想与定量规律进行量化应用的过程。

1. 量化投资的优势

量化投资策略有如下五大方面的优势,主要包括纪律性、系统性、及时性、准确性、分散化等。

(1)纪律性:严格执行量化投资模型所给出的投资建议,而不是随着投资者情绪的变化而随意更改。纪律性的好处很多,可以克服人性的弱点,如贪婪、恐惧、侥幸心理等,也可以克服认知偏差,行为金融理论在这方面有许多论述。纪律化的另外一个好处是可以跟踪和修正。

量化投资作为一种定性思想的理性应用,客观地体现了组合思想。一个好的投资方法应该是一个透明的盒子,而不是黑盒子。每一个决策都是有理有据的,无论是股票的选择、行业选择,还是大类资产的配置等,都是有数据支持、模型支持及实证检验的。

(2)系统性:量化投资的系统性特征主要包括多层次的量化模型、多角度的观察及海量数据的观察等。多层次模型主要包括大类资产配置模型、行业选择模型、精选个股模型等。多角度观察主要包括对宏观周期、市场结构、估值、成长、盈利质量、分析师盈利预测、市场情绪等多个角度的分析。

量化投资的系统性还有一方面就是数据多,即对海量数据进行处理。人脑处理信息的能力是有限的,当一个资本市场只有100只股票时,这对定性投资基金经理是有优势的,他可以深刻分析这100家公司,这时就表现出定性基金经理深度研究的优势。但在一个很大的资本市场,比如有成千上万只股票的时候,量化投资的强大的信息处理能力能反映它的优势:能捕捉更多的投资机会,拓展更大的投资机会。

(3)及时性:量化投资能及时快速地跟踪市场变化,不断发现能够提供超额收益的新的统计模型,寻找新的交易机会。

(4)准确性:量化投资能准确客观评价交易机会,克服主观情绪偏差,妥善运用套利的思想。量化投资正是通过寻找估值洼地,通过全面、系统性的扫描,捕捉错误定价、错误估值带来的机会。定性投资经理大部分时间用在琢磨哪一个企业是伟大的企业,哪只股票是可以翻倍的股票;而量化投资经理大部分精力花在分析哪里是估值洼地,哪一个品种被低估了,买入低估的品种,卖出高估的品种。

(5)分散化:在控制风险的条件下,量化投资能充当准确实现分散化投资目标的工具。也可以说,量化投资靠概率取胜。这表现为两个方面:一是量化投资不断地从历史中挖掘有望在未来重复的历史规律并且加以利用,这些历史规律都是有较大概率获胜的策略;二是依靠筛选出的股票组合来取胜,而不是一只或几只股票取胜,从投资组合理念来看也是捕获大概率获胜的股票,而不是押宝到单只股票上。

2. 量化投资市场的特点

当市场历史数据缺乏或数据不可靠,市场规则不透明、不固定,这时候传统投资比较占优势。与之相反,量化投资适用的市场,具备以下特点:

(1)具有丰富和可靠的历史数据。历史数据是让电脑程序做出更优的投资决策的前提之一。研究人员通过对数据进行测试和分析,制定模型,摸索出一定的规律,将其写入代码之中,最后让机器执行。相对来说,发达国家的金融市场,历史数据更加丰富和可靠,因此也更容易让量化交易有更大的用武之地。

(2)市场规则透明完善、模式重复。市场规则的改变,不仅会使数据本身的有效性大打折扣,而且对于市场本身运行的历史规律也会有较大改变。历史会重复,这是量化程序盈利的前提假设之一,市场规则的稳定透明,则会让程序运行不受那些无法预测的"意外"的影响。

需要指出的是,不管是量化投资,还是传统投资,最终都需要人进行控制和决策。投资的顶层设计是人,无论是量化投资还是传统投资,在决策的开始阶段,是需要人来决定的。在接下来的阶段,人的参与程度则能够很好地区分量化投资与传统投资。

1.3 量化投资国内外发展状况

1.3.1 国外量化投资的兴起与发展

1. 国外量化投资的发展历程

1) 国外量化投资的兴起和发展

国外量化投资的兴起和发展主要可以分为三个阶段:

(1) 第一阶段(1971—1977年):1971年,世界上第一只被动量化基金由巴克莱国际投资管理公司发行;1977年,世界上第一只主动量化基金也是由巴克莱国际投资管理公司发行,发行规模达到70亿美元,这算是美国量化投资的开端。

(2) 第二阶段(1978—1994年):这一阶段,量化投资在海外发展较为缓慢,这其中受到诸多因素的影响。

(3) 第三阶段(1995年至今):从1995年到现在,随着信息技术和计算机技术取得巨大进步,量化投资迎来了其高速发展的时代。量化投资技术逐渐趋于成熟,同时被大家所接受。在全部的投资中,量化投资大约占比30%,其中指数类投资全部采用定量技术;主动投资中,约有20%~30%采用定量技术。

2) 国外量化投资的历史表现

以量化共有基金为例,国外量化共有基金在过去20多年间取得了约10.8%的平均收益率,采用量化策略的增强型指数基金在过去20多年也取得了约9.4%的平均收益率。从共有基金的量化投资来看,首先,量化投资较定性投资更客观,因为除了模型的设计没有太多人为因素控制投资流程;其次,量化投资可以在几分钟内快速地分析大量的公司信息,而定性投资基于分析师就很难做到这一点,这直接导致了量化共有基金的收益率明显高于非量化共有基金。

目前,国外量化投资在全部投资产品的份额中占30%以上,主动投资产品中有20%~30%使用量化技术,量化投资已成为全球基金业主流投资方法之一。

2. 量化投资与资产配置

1) 资产配置的定义

资产配置是指资产类别选择、投资组合中各类资产的适当配置以及对这些混合资产进行实时管理。

2) 量化投资如何进行资产配置

量化投资管理将传统投资组合理论与量化分析技术结合,利用计算机模型,通过对大量的数据进行分析和处理,客观地筛选出收益率最高的投资组合,避免了人为的认知偏差和主观臆断,极大地丰富了资产配置的内涵,形成了现代资产配置理论的基本框架。它突破了传统积极型投资和指数型投资的局限,将投资方法建立在对各种资产类股票公开数据的统计分析上,通过比较不同资产类股票的统计特征,建立数学模型,进而确定组合资产的配置目标和分配比例。

3. 变革中的海外资产管理环境

目前,量化投资已经在全球范围内得到投资人的广泛认可。

在美国零售市场发行的主动型股票基金中,量化投资基金占据了约 16% 的市场份额,而在机构投资市场,量化投资则获得了更多的关注,以巴克莱全球投资管理公司、道富环球投资管理公司和高盛国际资产管理公司为首的一大批以量化投资为核心竞争力的公司已经成为机构资产管理公司的"巨无霸"。

量化投资在资产管理方面凭借纪律性、系统性、套利思想、概率取胜等优势,正在逐步占领和分割传统投资的市场份额。量化投资利用数学、统计学、信息技术的方法来管理投资组合,同时注重对宏观数据、市场行为数据、企业财务数据、交易数据进行分析,采用数据挖掘技术、统计技术、计算方法等处理数据,为投资者带来了长期增长的超额利润。

可以预见的是,在未来的资产管理领域,量化投资将会起到举足轻重的作用。

1.3.2 国内量化投资的发展现状

1. 国内投资市场现状

近年来,量化投资成了国内金融市场发展的热点。万得(Wind)数据显示,截至 2019 年底,我国证券市场上市公司共有 3777 家,总市值达到 658724.148 亿元,可见中国股市规模之大。我国股市在 2015 年下半年经历了一轮暴跌,而量化投资基金在此期间却凭借其完善的风控体系获得了更多超额收益,从而得到投资者前所未有的广泛关注。

1) 投资环境——证券市场发展现状

(1) 证券市场起步晚,发展快。我国第一个证券交易柜台于 1986 年成立,这标志着我国正式开始了股票交易。在短短 30 多年时间里,我国股票市场的证券化率超过了 80%。

(2) 金融创新不断加强。① 金融工具的创新:融资融券、股指期货以及各种衍生工具不断涌现。② 金融技术的创新:计算机领域的发展使金融交易系统、清算所支付系统等更为安全快捷,为证券市场的迅速发展提供了保障。

(3) 制度结构缺陷、监管政策低效。我国证券市场制度结构不健全,外在的制度安排与证券市场的内在规律产生矛盾,造成配置效率低下。监管政策缺乏整体思维,制定和执行不系统、不严密,前瞻性和稳定性较差。

2) 投资者

(1) 个体投资者比例过大。目前,我国 A 股、B 股账户中个人投资者占比均超过 90%,个人投资者比例过大。与机构投资者相比,他们缺乏正确、长期投资理念,容易引起证券市场震荡。

(2) 过度投机。中小投资者往往缺乏专业的投资知识与背景。我国证券市场的中小投资者,是世界上规模最大的中小投资者群体,但是他们的投资意识却较为薄弱。他们中的绝大多数人并不知道投资这个概念,拥有的是投机心理。

(3) 强烈的政策倾向。在我国的证券市场中,过度投机使得利好政策的颁布导致在相当长的交易周期内投资者交易频率明显上升,而利空政策出台却导致在较长的交易周期内投资者的交易频率大幅度下降。

(4) 处置效应明显。处置效应,即投资者愿意卖出当前盈利的股票并继续持有亏损股票的心理倾向,也称为售盈持亏。这种心理会削弱投资者对投资风险和股票未来收益状况的客观判断,不再依赖股票的内在价值进行投资。

(5) 存在"羊群行为"。在中国证券市场中,信息严重不对称。在这种情况下,投资者从他人的交易中获取信息,从而导致他们存在在同段时期内买卖相同的股票的"羊群行为"。一旦有新的信息出现,"羊群行为"就会瓦解,导致证券市场价格不稳定。

2. 量化投资国内发展现状

1) 起步晚

21世纪初,我国普通投资者对量化投资几乎一无所知。我国量化投资起步较晚的主要原因为:

(1) 我国证券市场效率低下,量化投资效果不明显。

(2) 国内市场对冲工具单一,可量化的标的过少。

(3) 受到交易规则的限制,量化投资不能充分发挥作用,很难引起人们重视。

2) 发展条件的成熟

(1) 国内金融衍生产品市场不断发展,定性分析不能满足投资需求。

(2) A股市场的股票数量不断增加,基金规模不断扩大,基本面研究成本提高,量化投资的出现成为必然。

(3) 资本市场制度建设不断完善,推动其较快发展。

(4) 量化人才队伍迅速扩大,提供了丰富的人才储备。

3) 量化投资研究的兴起

(1) 基金。2011年以来,量化投资突然成为市场的一个热点,各大机构都在组建量化投资的团队、研究量化投资的策略,很多量化基金产品层出不穷,尤其是在传统投资基金业绩不佳的情况下,很多利用量化投资策略的基金产品获得了相当不错的收益率。

(2) 券商。随着融资融券、股指期货、转融通等业务相继推出,券商资管量化投资十分火热。国信、华泰、长江、国泰君安等各大券商都在发力量化投资产品研究,在我国百余家券商中,已有几十家券商资管发行量化产品。

(3) 期货。2008年以来,一些与期货相关证券的套期保值迅速发展,各大期货公司纷纷成立了金融工程部和量化投资部,逐步重视程序化交易,推出各种量化投资平台。

3. 国内量化产品介绍

1) 公募基金

2004年、2005年我国分别成立了一只公募量化投资基金,之后几年没有新的量化基金。2009年量化投资再次被国内机构投资者所重视,当年总共有五只量化基金发行,2010年则有三只量化基金发行,2011年有五只量化基金发行。随着2010年我国股指期货的退出,量化对冲基金开始快速发展。Wind数据显示,截至2014年底,市场上的量化型公募基金有50只,其中主动型基金25只、指数型基金17只、对冲型基金8只。

2015年我国股市行情大盘走势上涨,量化基金的发行数量达到有史以来的高峰,量化型公募基金在当年发行了42只,其中主动型21只、指数型11只、对冲型10只,主动量化基金代替指数增强型量化基金,成为主力新发基金,当年的量化投资产品大部分取得了不错的回报。2016年是主动型量化基金的大年,各类Alpha因子均表现出色,以长信量化先锋为代表的一批主动型量化基金规模迅速增长。

2017年新增数达到111只。近几年面临宏观经济下行压力增大,量化型公募基金产品增速放缓,但指数型产品新增数仍持续上升,主动型产品新增数则略有下降,从整体上看,量化型公募基金产品新增数仍保持高位。2018年市场单边下跌,主动型量化基金规模缩水近1/3;2019年指数型基金继续发展壮大,主动型量化基金规模则持续萎缩。截至2019年12月31日,市场共有量化型公募基金产品451只,基金规模总计达1449.71亿元,其中主动型量化基金有277只,基金规模为651.90亿元;指数型量化基金为150只,其规模为631.41亿元;对冲型基金有24只,其规模为166.40亿元。2020年上半年对冲型量化基金大扩容,仅半年时间规模增长超过300%。2020年底,公募基金规模突破20万亿元大关,达到20.16万亿元,创历史新高。

图1-3展示了量化型公募基金四类主要产品的历史规模变化。四类产品分别为主动型量化、被动指数型、指数增强型量化、对冲型量化。从绝对规模上看,被动指数型基金规模占据明显优势,整体在千亿元的数量级;主动型量化、指数增强型量化和对冲型量化大致在百亿元的数量级。

图1-3 各类型量化型公募基金规模变化

下面介绍国内两只量化型公募基金。

(1)国内第一只量化投资基金——光大保德信量化核心基金,2004年成立。

①投资目标:追求长期持续稳定超出业绩比较基准的投资回报。

②投资策略:借鉴保德信投资的量化投资管理经验,结合中国市场特点加以应用,正常市场情况下不做主动资产配置,通过投资组合优化器构建并动态优化投资组合。

③风险收益特征:风险程度中等偏高,在风险限制范围内追求收益最大化。

(2)国内第二只量化投资基金——上投摩根阿尔法基金,2005年成立。

①投资目标:努力控制投资组合的市场适应性,以求多空环境中都能创造超越业绩基准的主动管理回报。

②投资策略:采用哑铃式投资技术,同步以"成长"与"价值"双重量化指标进行股票选择。在基于由下而上的择股流程中,精选个股,纪律执行,构造出相对均衡的不同风格类资产组合。同时结合公司质量、行业布局、风险因子等深入分析,对资产配置进行适度调整。

③风险收益特征:股票型证券投资基金,属于证券投资基金中较高风险、较高收益的基金

产品。

2) 私募基金

数据显示,2020年底量化私募投资产品数量已突破8000个,资产管理规模则突破6000亿元,而2010年底之前我国仅有5只量化私募基金产品。2020年底,国内百亿级别量化私募机构已达到10余家,相比2019年底已经翻倍。数据显示,截至2020年12月底,年内共计发行量化策略私募产品4692只,较2019年同期发行的3350只,同比增幅达到40.06%。近年来,国内量化行业发展迅猛,多家量化私募机构规模破百亿,各类量化私募产品业绩可观。未来,国内量化市场的发展潜力巨大。

下面介绍两只国内的量化私募基金。

(1)海通创新量化套利1号,成立于2013年4月。

①投资策略:通过量化模型寻找市场上的不合理定价,进行主动套利、波动套利投资策略。

②主动套利投资策略:主动套利策略以期现套利策略为主,全复制沪深300指数组合或其他指数组合作为现货,和指数期货进行套利,停牌成分股按照权重占比预留现金或完全用交易型开放式指数基金(ETF)替代。选择的股指期货合约可能为当月、下月、下季、隔季中的一个或者几个合约,主要根据期货合约的升水幅度和年化收益率情况来确定。

③结束套利:主要根据市场情况和套利策略的盈利预测,提前平仓结束套利。另外,也可在持有套利合约到期时,对合约进行交割结算,完成整个套利过程。至此,整个主动套利过程结束。

(2)信合东方,成立于2010年9月。

①投资策略:基于市场中性策略,使用包括相关产业组合、产业周期配置、公司驱动因素分析、区间交易、套利及风险对冲等各种资本市场交易手法,对持仓策略进行风险量化分析,根据市场形势的变化不断进行及时调整,实行严格的持仓分散及止损设置,以平滑收益曲线,达到绝对收益。

②投资理念:基于风险回报量化分析,寻求构造资本市场中相对价值较高资产组合,通过风险对冲等各种策略的运用,追求绝对回报。

3) 券商理财产品

随着融资融券、股指期货、转融通等业务相继推出,券商资管量化投资十分火热。国信、华泰、长江、国泰君安等各大券商都在发力量化投资产品研究,据Wind统计数据,截至2019年11月23日,59家券商共发行超302只量化产品,资产管理规模接近550亿元。为获取新的盈利增长点,券商机构也抓紧布局量化服务。

例如,国金证券——国金慧泉量化对冲1号,成立于2012年12月。其投资策略为:在行业配置上实施积极的行业轮换策略,把超越业绩基准的投资目标分解为行业选择问题,对全行业股票进行多层次量化考量,选出各行业具有长期竞争优势和投资潜力的公司。在个股选择方面,采用多因素模型,并以此做出相应决策。

第 2 章　量化投资策略

量化投资技术包括多种具体方法,主要有量化选股、量化择时、股指期货套利、商品期货套利、统计套利、算法交易等策略。

2.1　量化选股

量化选股策略是众多的量化投资策略中应用较为广泛的一种策略,量化选股就是采用数量的方法判断某个公司是否值得买入的行为。根据某个方法,如果该公司满足了该方法的条件,则放入股票池,如果不满足,则从股票池中剔除。

总的来说,量化选股可以分为两类:一类是基于公司基本面进行选股,另一类是基于市场行为等技术指标进行选股。基于公司基本面进行选股的量化模型主要有多因子模型、风格轮动模型和行业轮动模型等。基于市场行为等技术指标进行选股的量化模型主要包括资金流模型、动量反转模型、一致预期模型、趋势跟踪模型以及筹码选股模型等。

2.1.1　多因子

多因子模型是量化选股模型中应用最广泛的模型之一,从套利定价模型发展而来。其基本原理是将收益率表示为一系列与股价相关的因子的线性函数,将这些因子作为选股标准,将因子表现好的股票买入,因子表现不好的股票卖出,从而获取超额收益。市场上的多因子模型有很多,核心区别主要在以下两个方面:首先是选取哪些因子来选股,其次是如何利用构建的多因子模型选股。

多因子选股模型的构建方法有两种,一是打分法,二是回归法。

打分法就是对与股价相关的因子打分,然后按照因子对股价影响程度进行相应的加权平均,最后根据得分对股票进行排序和筛选。

回归法就是将股票的历史收益率对多个因子进行线性回归,得到各个因子的边际收益,然后再把最新的因子值代入回归方程得到对股票收益的预期,最后以此为依据进行选股。回归方法的问题在于很难得到一个精确拟合的回归方程,并且容易受到极端值的影响。相比较于回归法,打分法的优点在于相对比较稳健,受极端值影响较小。

多因子选股模型构建的基本步骤如图 2-1 所示。

图 2-1　多因子选股模型构建流程图

1. 因子选取

股票的预期收益是一系列与股票收益率相关的因子的线性函数,因此,构建多因子选股模型的第一步便是发掘各类与股票收益率相关的因子。这些因子既可以是基本面指标中的估值水平、盈利能力、成长性、财务水平,也可以是技术面指标中的动量、成交量、波动率等。

因子的选择主要基于经济逻辑和市场经验,在经典的规模、估值、动量、波动率等全市场通用因子基础上,根据宏观、行业、公司基本面、市场特征,结合各类特异因子来构造投资组合。选择更有效的因子是提高模型能力的前提之一,也是提高收益的关键因素之一。

2. 数据预处理

在因子筛选之前,需要对因子数据进行预处理,以避免数据异常、缺失、量纲不一致等问题对实证研究的客观性产生影响。数据的预处理包括异常值处理和数据标准化。

(1)异常值处理:过大或过小的因子值均会影响到分析结果,尤其是在做回归进行单因子有效性分析的时候,因此,需要在单因子有效性分析之前对因子数据进行异常值的处理,处理方法是调整因子值中的离群值至上、下限。

(2)数据标准化:对异常值进行处理之后,还需要对原始因子数据进行标准化处理。一般使用 z-score 方法将数据从有量纲转化为无量纲,从而使得数据更加集中,或使得不同的指标能够进行比较和回归。

3. 有效因子筛选

选股因子有效性的筛选是多因子模型成功的基石,一组有效的因子能够带来稳定的超额收益率。有效因子筛选,即通过多项指标对任意一个候选因子进行检验,并通过分组方式检验各个因子对股票收益率的影响能力。具体而言,按照因子值由小到大的顺序对股票池中的样本股票进行排序,并平均分为 n 个组合,每月初根据上月末的数据调整,形成 n 个投资组合,每月重复到模型形成期末为止。为了确定选股因子的有效性,需建立如下检验标准。

(1)IC 指标:IC(information coefficient)即信息系数,代表所选股票的因子值与股票下期收益率的截面相关系数,通常用于判断选股因子对下期收益率的预测能力。IC 值的取值范围为 $[-1,1]$,绝对值越大,表示预测能力越强,如果因子的长期平均 IC 绝对值大于 0.05,则认为该因子有较好的选股能力。

(2)IR 指标:IR(information ratio)即信息比率,是超额收益的均值与标准差之比,可以根据 IC 近似计算,公式如下:

$$IR \approx \frac{\overline{IC}}{std(IC)}$$

该公式是从超额收益出发,逐步推导得出的。IR= IC 的多周期均值÷IC 的标准方差,代表因子获取稳定 Alpha 的能力。整个回测时段由多个调仓周期组成,每一个周期都会计算出一个不同的 IC 值,IR 等于多个调仓周期的 IC 均值除以这些 IC 的标准方差。所以,IR 兼顾了因子的选股能力(由 IC 表示)和因子选股能力的稳定性(由 IC 的标准方差的倒数表示)。当 IR 大于 0.5 时,因子稳定获取超额收益能力较强。

(3)Rank IC:由于 IC 的值是连续型的,为了防止计算过程中由于因子值差距过大,所以设计了 Rank IC 的计算。Rank IC 即某时点某因子在全部股票暴露值排名与其下期回报排名的截面相关系数,它与 IC 的区别就是将因子的具体值以及收益的具体值,都转换为所对应的数值在其截面上的排序名次。然后通过计算排序值的相关系数,得到 Rank IC。

4. 大类因子合成

经过有效因子筛选,获得与股票收益率有显著关系的因子池。但是同一大类因子下细分因子之间依然有可能存在着很强的相关性,表现为细分因子 IC 值整体变化方向相近,需要做进一步处理,以防止投资组合在同种因子上暴露过多的风险。

为了消除细分因子之间的共线性,最大限度地提取该大类因子的信息,可对大类因子下的细分因子信息进行合并。主要采用等权合成的方法,基于等权的思想对大类因子下的细分因子进行加权,将同一类型的细分因子合并为一个大类因子。例如,一般可根据不同角度将大类因子划分为估值因子、盈利能力因子、经营有效性因子、成长能力因子、技术类因子等。

5. 构建评分模型

模型构建具体步骤为:首先,按照合成的大类因子的大小对股票池中的股票进行排列,采用百分制整数打分法对每种大类因子下的股票进行打分。其次,对于股票池中的股票按照各大类因子等权重赋权的方法计算加权平均值,并按照得分对股票进行降序排序,选择得分前 5% 的股票构成投资组合。再次,每月月初进行平仓和重新建仓,即每个月初重新选择股票构成投资组合,持有该组合至月末,每个月进行相同的选股操作。最后,计算每个月构建的投资组合的收益情况,以沪深 300 指数为比较基准,利用组合年化收益、超额收益、累计收益、夏普比率、信息比率、最大回撤率、胜率、盈亏比等标准来评价策略投资组合的收益表现。

2.1.2　风格轮动

风格投资是量化投资的一个组成部分,由威廉·夏普最早提出。1992 年,夏普研究发现,在 1985 年至 1989 年的样本期间,Fidelity Magellan 基金公司 97% 的投资收益完全可以通过正确的风格投资的选择来实现,或者该公司正是运用这种方式,而不是对个股的判断。

风格投资就是以区分股票为导向的方案之一,从属于组合投资领域。"风格"指的是某一类股票共同具有的属性,并以这种属性标记于这些股票之上,所以,在这种策略下,我们实际上是在对不同"风格"进行投资,而不是对个股本身。由于风格投资需要对大量信息进行整合,利用一般的分析方法不仅吃力,而且很难保证准确性,这就要求研究者学习相关的量化知识,充分利用计算机技术区分"风格"。例如,大盘股和小盘股,就是最为常见的两种"风格"。公司体量大、市值高,流动性、资产性能好,中长期收益稳定的个股被定义为大盘股,反之,仍有较大发展空间的公司发行的个股称为小盘股。

投资者在进行投资选择的时候是会有自己的投资偏好的。有些投资者比较偏好成长股,有时候又会比较偏好价值股;可能在某些阶段比较偏好小盘股,在另外的时期又比较偏好大盘股。市场风格就是由于投资者的这种不同的交易行为产生的。所以,如果能够在投资中紧跟市场风格变化行动,就会比一直持有的效果要好得多。

1. 风格轮动的概念

投资风格是针对股票市场而言的,是指投资于某类具有共同收益特征或共同价格行为的股票,即某类投资风格很受欢迎,并且在某一个时间段内具有持续性和连续性。譬如,价值型投资和成长型投资两种风格或者大盘股和小盘股这两种风格,总是轮流受到市场追捧。

由于投资风格的存在,从而产生一种叫作风格动量的效应,即在过去较短时期内收益率较高的股票,未来的中短期收益也较高;相反,在过去较短时期内收益率较低的股票,在未来的中短期也将会持续其不好的表现。

比如,2009 年是小盘股风格,小盘股持续跑赢沪深 300 指数;而在 2011 年,则是大盘股风格,大盘股跌幅远远小于沪深300指数。如果能事先通过一种模型判断未来的风格,进行风格轮动操作,则可以获得超额收益。

股市的风格轮动现象一般针对股票组合,当具有对立属性的股票组合在某一时期内出现相对的强弱势分化时,一般我们将这种现象称为股市风格轮动现象,并且这种相对强弱分化的轮动现象不具有周期性轮动的特点。经学者研究,风格轮动现象在多国股票市场均有出现,经细分后还可以分为行业板块轮动现象和大小盘风格轮动现象等。在我国的股票市场上,大小盘股的风格轮动经常出现,因此也被人们称为"二八轮动"现象。

"二八轮动",简单地说就是A股市场有20%的数量是大盘股和蓝筹股,有80%的数量是其他股。大盘股和蓝筹股是机构和基金的重仓股,其他股是炒家和庄家的重点股。一轮新的股票上涨,往往始于炒家和庄家在已经获得足够多的股票的基础上,投入更多的后备资金拉升股票价格,由于其他股的盘子较小容易被拉升,致使散户更多地进入,这就是"八"动,炒家和庄家会借此高位出盘,股价不会再拉升。当股民热情高涨时,炒家和庄家也会采取类似的方式拉升大盘股和蓝筹股的价格,这就是"二"动。由于涉及的股票较多,不同类型的股票变动也需要一定的时间,"二"与"八"变动也就形成了一个交错的过程,于是造就了轮动的现象。

2. 风格轮动的经济解释

一般情况下,如果宏观经济的表现较为强劲,那么小市值的公司就会有一个比较好的发展环境,并且非常利于小市值公司的成长,甚至会带来经济的快速增加。所以在这时,小盘股的表现一般要优于大盘股。换一种情况,如果经济的表现较弱,那么就会造成投资者信心出现匮乏,并且未来市场也会出现相对应的不稳定性,这时投资者就会更偏向于选择大盘股。这样做可以帮助投资者降低风险,即使出现了货币走强、低通货膨胀的情况,也不值得去冒险选择小盘股。

经济名义增长率是可以被用来解释规模效应市场周期的有力变量。如果名义增长率提高,那么小市值组合的表现就会更为优秀。因为小公司对宏观经济变动更为敏感,当工业生产率提高、通货膨胀率上升时,小公司成长更快。

3. 晨星风格箱判别法

晨星风格箱判别法是一个3×3矩阵,从大盘和小盘、价值型和成长型等方面来对基金风格进行划分,介于大盘和小盘之间的为中盘,介于价值型和成长型之间的为混合型,共有9类风格,如表2-1所示。

表2-1 晨星风格箱判别法

价值型	混合型	成长型
大盘价值	大盘混合	大盘成长
中盘价值	中盘混合	中盘成长
小盘价值	小盘混合	小盘成长

(1)规模指标:市值。通过比较基金持有股票的市值中值来划分,市值中值小于10亿美元为小盘;大于50亿美元为大盘;10亿~50亿美元为中盘。

(2)估值指标:平均市盈率、平均市净率。基金所持有股票的市盈率、市净率用基金投资于该股票的比例加权求平均,然后把两个加权平均指标和标普500成分股的市盈率、市净率的相对比值相加,对于标普500来说,这个比值和是2。如果最后所得比值和小于1.75,则为价值型;比值和大于2.25为成长型;比值和介于1.75至2.25之间为混合型。

这也就是我们经常看到的基金的分类,比如华夏大盘、海富小盘等名称的由来。

4. 风格轮动策略模型概述

随着多种股票指数的出现,我国现阶段已经有了区分风格的意识。沪深300股指和中证100股指所包含的成分股都属于大盘股,有时这些股指会带来可观收益,说明"轮动"现象已产生,大盘股占优;反之,中证500等股指所代表的小盘股也会有表现的机会,届时"轮动"到小盘股板块。

在捕捉轮动趋势的研究中,针对大小盘的预测问题,多数基金公司采取相对强弱指标的方法。具体计算方法为

$$r_t = \ln(P_t^1) - \ln(P_t^2)$$

其中,P_t^1是小盘股在t时刻的股价或点数;P_t^2是大盘股t时刻的股价或点数。

从整体来看,相对强弱用同一时间点指标做差来表示,值得注意的是,这里的股票价格或指数需要先做对数处理。金融原始数据通常服从正态分布,一方面考虑到数据的平稳性和去漂移化,另一方面对数后的数据也更便于累加计算。由于股票数据产出的连续性,可能会有频繁的上下浮动,对趋势认定造成影响,故可人为设定N个周期的均线作为相对指标时序线。同时,在这条均线的基础上添加布林线,也就是一上一下两条移动平均线。

r是相对优势指标,r所在的时序线即为均线,$ma(r,k)$代表均线时序数据在最近k个周期内的移动平均值,$std(r,k)$表示r在最近k个周期内的标准差。预测现阶段适用的风格,表达式如下所示:

上轨:high $= ma(r,k) + c \times std(r,k)$

下轨:low $= ma(r,k) - c \times std(r,k)$

c是常数,上轨和下轨分别是在均值上加、减c倍标准差。

通过分析均线和两条移动平均线的位置关系,可以判断当期两种风格的优劣,遵循以下规律:

(1) 当均线(N个周期)从下部向上穿过下轨时,小盘股占优势,做多小盘,卖出大盘;

(2) 当均线(N个周期)从上部向下穿过上轨时,大盘股占优势,卖出小盘,买进大盘;

(3) 其他情况认为轮动现象不显著,直接满仓大盘或小盘,不存在显著差别。

2.1.3 行业轮动

行业轮动是利用市场趋势获利的一种主动交易策略。其本质是利用不同投资品种强势时间的错位,对行业品种进行切换以达到投资收益最大化的目的。每个行业都会受宏观经济因素、经济政策以及特定新闻的影响,故而投资者对行业属性的分析是提高风险收益比的有效方式。

1. 行业轮动现象

经济周期蕴含了经济运行的综合信息,体现了经济的总体活力和景气,所以,以经济周期为标杆,来进行行业轮动,能够很好地体现行业与行业之间起承顺接的关系、个别行业与总体经济之间的互动关系。行业轮动本质上是一种行业受经济周期影响的经济现象,不是行业本

身的兴起与衰退,所以,讨论行业轮动是基于短期内的现象。行业轮动研究的顺序是从经济的谷底开始,逐步发展到高潮,再转向低谷。经济在谷底的时候,一般表现为产出缺口为负、失业率较高、库存较大、物价和利率偏低,在这样的经济环境下,市场机制本身和政府都有推动经济走出低谷的动力。从一个国家的角度讲,国外的需求也是促进经济走出低谷的动力。所以,市场、政府、外需就构成了促使经济走出低谷的三大基本动力。

2. 行业轮动的原因

目前,对我国行业轮动现象的理论解释有很多,但主要是以实体经济和行为金融为主。股市里的行业轮动是以实体经济里的行业轮动为基础的,是实体经济的一个映射。当然,这个映射不仅仅反映现在的情况,更主要是反映将来的情况,同时,这个将来情况也只是投资者主观预期的情况,未必就是将来经济实际运行情况。但从长期和综合的角度看,应该以实体经济为基础,这样才是有源之水。

1)从需求的角度——不同行业的需求收入弹性是不同的

在经济的组成部分中,它们对收入的弹性是不同的。如果把 GDP 简单理解为收入,把不同行业理解为不同商品的供给者,而不同商品对于人们来说,其必需程度是不一样的,也就是不同行业在 GDP 不同增长率下的必要性是不一样的。当人们收入很低时,一些奢侈品就可以不买,但日用品不会减少太多,而收入提高时,日用品的需求不会增加太多,对奢侈品的需求会提高。这个经济学里的需求收入弹性原理反映在 GDP 与行业景气的关系上,就是那些生产必需品的行业,比如全球行业分类标准(GICS)系统里的食品饮料、医药、公用事业,受经济周期波动的影响较小,而材料则受 GDP 波动的影响较大。另外一个明显的区别就是 GICS 系统里,把消费品区别为可选消费品和必须消费品,这样的区别是很有道理的。可选消费品是指汽车等奢侈品,这些比较容易受经济周期的影响,而必须消费品相对来说则不容易受影响。所以,在探寻股市里行业轮动规律的时候,测度与评价实体经济里不同行业的需求收入弹性,是一个重要环节。

2)从供给的角度——不同行业的成本构成是不同的

从短期供给曲线的角度来讲,成本可以按照固定与流动来划分,也就是在短期内,有些成本是不变的,有些是根据产出改变的(在长期内,全部是可变的)。不同行业的成本结构是不同的。有些行业的固定成本比例较高,比如钢铁、交通运输、煤炭等,这些行业在销售收入增加后,所带来的边际利润就会比较大。这个道理类似于一列火车,在仅有 1 人乘坐的时候(假定修建铁路、购买列车和支付列车人员工资均列入固定成本,也就是这些成本是固定的,与多少个人乘坐没有关系,不列入边际成本),所带来的边际利润(边际收入-边际成本)就是这 1 个人购买的票价,而 100 个人乘坐所带来的边际利润就是 100 个人的票价,所以边际利润只与乘坐的人数有关。行业利润与 GDP 的关系,也可以从这个例子中理解,1 个人坐火车可以类比为 GDP 增长率很低,这个时候那些固定成本比较高的行业,比如钢铁、煤炭、航空,就会面临很大问题,出现利润下降或者亏损。而那些固定成本比较低的行业,就可以比较灵活地减少流动成本,比如减少原料采购等,从而避免利润下滑太快。在经济周期的复苏阶段,随着需求的增加,那些固定成本比较高的行业,就会有比较高的边际利润,所以,这些行业适合在复苏阶段超配。

3. 行业轮动理论

2004 年 10 月,美林投资时钟理论正式发布。该理论回答了如何在经济周期框架下把握资产绩效规律,配置相应资产模型,得出资产配置的类型和比例的问题,引导投资者在不同的经济运行周期内进入资本市场,获得超额收益。美林证券在指标选择时,利用的是美国月度数据里的通货膨胀和产出缺口,首先,根据这些指标的发展趋势,进行分析总结,最终将经济周期划分为衰退期、复苏期、过热期和滞涨期等四个阶段。其次,通过对划分的四个阶段中各种类型资产的平均回报率进行测算和分析,以及对各种类型资产表现的观察总结,发现各行业在不同经济周期阶段轮动时,投资于现金和债券、股票或商品市场的投资回报率大于整体市场的投资回报率。经济周期四个阶段不同行业的表现如表2-2所示。

表 2-2 四个阶段不同行业的表现

阶段	经济增速	最佳资产类别	最佳行业板块
衰退期	下降	债券	防御性增长
复苏期	上升	股票	周期性增长
过热期	上升	大宗商品	周期性增长
滞涨期	下降	现金	防御性增长

在经济处于衰退阶段时,整体经济增长率下降。在这一阶段,市场中过剩的生产力降低了企业的实际产出率,导致企业的盈利能力变弱。同时这个阶段除了商品价格出现下降的情况外,市场的通货膨胀率也会有所下降。在这种情况之下,央行将采取调控宏观经济的方式,通过降息的方式使经济得到恢复。在这个阶段,防御性增长行业表现最好。在经济处于复苏阶段时,央行前期采取的降息政策发挥效用,经济增长率得到不断提升。然而,由于市场中存在着产能过剩的情况,通货膨胀率仍然处在一个下降的趋势阶段。与此同时,央行仍将采取相对宽松的货币政策,此时周期性增长行业因生产能力较强的特征,在复苏阶段表现强势。

当经济处于过热阶段时,整体经济表现为增长率和通货膨胀率都快速上升。此时为了使经济回归平衡,央行将采取提高利率的方式稳定市场,然而此时经济增速却快于潜在产出。在经济过热阶段,行业的股票收益率被整体行业快速的利润增长和债券价格下跌替代,因此周期性增长行业表现最佳。在经济处于停滞阶段时,整体市场经济增长速度开始下降,而前期提高利率带来的缓冲,使得通货膨胀率仍处于上升趋势。这个时候,企业为了保持一定的利润率,将采取提升商品价格的方式,这会导致工资和价格同步上涨,引起企业生产力下降。对于通货膨胀率的持续上升,央行此时将采取收紧的宏观政策进行调控。在这个阶段,防御性增长行业表现最好。

2.1.4 资金流

1. 资金流概述

股市的高频资金流数据记录了所有投资者的投资行为,这些高频数据按照驱动股票方向汇总成资金流净额。这些微观主体的投资行为主导了股市的涨跌,基于此行为,我们可以构建资金流模型。

资金流是一种反映股票供求关系的指标。资金流定义如下:证券价格在约定的时间段中处于上升状态时产生的成交额是推动指数上涨的力量,这部分成交额被定义为资金流入;证券价格在约定的时间段中处于下跌状态时产生的成交额是推动指数下跌的力量,这部分成交额被定义为资金流出;若证券价格在约定的时间段前后没有发生变化,则这段时间中的成交额不计入资金流量。当天资金净流量被定义为当天资金流入和流出的差额推动价格变化的净作用量。资金净流量数量化定义如下:

$$\text{MoneyFlow} = \sum_{i=1}^{n}(\text{Volume}_i) \times P_i \cdot \frac{P_i - P_{i-1}}{|P_i - P_{i-1}|}$$

其中,Volume_i 为 i 时刻成交量;P_i 为 i 时刻收盘价;P_{i-1} 为上一时刻的收盘价。

2. 资金流测算方法

目前采用高频数据进行资金流测算,一般使用招商资金流测算模型(CMSMF),主要从以下几个方面考虑:第一,采用高频数据进行测算(level 为每 5 秒一个数据包),这样能够尽可能多地反映真实的市场信息;第二,采取报价(最优买价、卖价)作为比较基准,成交价大于等于上期最优卖价时作为流入,成交价小于等于上期最优买价则为流出,这样能反映交易者主导买卖行为对股价的影响。其他成交价格不计入资金流。例如,对 A 股开盘集合竞价、连续竞价、涨跌停时的交易、尾盘集合竞价 4 个交易节点资金流入流出的计算做出了详细的规定,具体条件说明如表 2-3 所示。

表 2-3 资金流入流出计算方法

交易节点	类型	条件说明
开盘集合竞价	流入	集合竞价的成交价大于昨日收盘价时的交易金额
	流出	集合竞价的成交价小于昨日收盘价时的交易金额
连续竞价	流入	成交价大于等于最近卖方最优价的交易金额
	流出	成交价小于等于最近卖方最优价的交易金额
涨跌停时的交易	流入	涨停时成交金额
	流出	跌停时成交金额
尾盘集合竞价	流入	集合竞价的成交价大于最近卖方最优价的交易金额
	流出	集合竞价的成交价小于最近买方最优价的交易金额

目前的高频数最小间隔时间为 5 秒,每只股票每日大约有 2900 个数据点,按照 CMSMF 对每个数据点进行测算,可得到流入、流出量,流入减流出即为当日资金流净额。

3. 投资策略模型

我国的 A 股市场属于非强势有效市场,在交易过程中,存在严重的信息不对称的情况。在对待同一信息的辨识和处理能力上,普通的散户与机构投资者存在很大的差异。在实际操作过程中,散户缺乏专业的投资能力,他们认为机构投资者会有更多的信息来源,所以在投资过程中,散户会跟随机构投资的行为进行投资。根据羊群效应可知,当机构投资者经过对行情的分析研究做出应对时,散户也会对机构投资者的应对进行跟随,对股价追涨杀跌,市场对潜在信息的反应过度的传导机制就这样生成了。理性的投资者会根据逆向选择理论对市场的行情进行分析,他们能够对市场做出准确评估,对那些反应过度的股票做出交易。他们会卖掉被高估的股票,买入被低估的股票,通过逆向思维来获取市场的有利位置。在资金流向研究中,基于逆向选择理论,构建资金流选股模型,在构建的投资组合中加入前期资金流出、价格下跌的股票,剔除前期资金流入、价格上升的股票,从而使投资组合成为一个动态更新的股票池,通过对一些指标的具体设定,就可以得到有效的选股模型。

选股模型采用指标打分的方式筛选股票,首先对各个资金流指标进行排序打分,然后将股票对各个指标的得分进行求和,以总得分的大小来筛选股票,步骤如下:

(1)确定股票池。首先要剔除掉一些干扰的股票,以沪深300为例,在构建投资组合时,剔除一些调仓期涨跌停或者停牌的股票,防止因涨跌停而无法交易;剔除信息含量小的股票,因为这些股票信息不明显,很难取得有效信息。

(2)构建股票组合。首先将待选股票池中的股票按照各个指标进行排序,采用百分制整数打分法进行指标打分,即股票在各个指标中所处位置的百分数作为股票对于该指标的得分,前1%得分为1,依次增加,最后1%得分为100。其次进行求和排序,将股票相对于各个指标的得分进行求和,将和值从小到大排序,进行分组比较,选择排名靠前的 N 只股票构建优势组合。为了研究方便,组合中各只股票的权重相同。

(3)投资组合定时更新成分股,调整周期根据实际情况,一般不超过3个月。调整期限结束时,使用新的指标数据重新确定待选股票池,重复上述打分过程。剔除排名靠后的股票,选入排名靠前的股票,构建新的投资组合,并赋予相同的权重。

(4)统计检验。以各组各月收益为研究对象,以沪深300月收益作为比较基准,使用 t 检验的方法检验组合的有效性,并使用战胜基准频率等各种风险收益评估指标来衡量各种指标的优劣。

2.2 量化择时

量化择时指利用数理统计中的量化的方法预测股市未来的走势,通过分析股票市场中各种关键的指标数据,从而得到影响股价走势的关键因素,是用来预测股票市场未来走势的一种交易策略。如果判断未来走势是上涨,则买入;如果未来走势是下跌,则卖出。

2.2.1 技术指标

比较常用的择时指标是技术指标。技术指标既可以抓住大的波段行情,又具有使用简单、容易上手的特征,合理准确地使用技术指标往往可以获得较高的投资收益率,因而技术指标在择时交易中运用比较广泛。通常来说,技术指标是通过利用两根或几根移动的趋势线的交叉来作为择时交易的买卖信号。本小节将重点介绍移动均线(MA)、平滑异同移动平均线(MACD)、相对强弱指标(RSI)等在实际操作中比较常见的技术交易指标的使用方法。

1. 移动均线(MA)

移动均线(MA)是适应性强、客观精确、最为广泛适用的趋势性指标,这种指标的发展是基于道·琼斯的"平均成本"概念,是大多数交易者判断股价运行趋势的基础。它通过运用时间序列中移动平均的分析手段,绘制一段指定的区间内股价平均值的曲线,从而达到展示股价历史波动情况的目的,交易者可以根据这个股价的历史波动来预测股价的未来走势。移动均线指标是现在金融市场上应用最广泛也最为简单的技术分析手段之一。

20世纪中期,美国著名投资家葛兰碧提出了移动均线的理论。自问世以来,移动均线是投资者最广泛采用的技术分析指标之一,它可以帮助投资者判断目前的股价运行趋势,预测出股价可能的运行方向以及发掘出股价过度延伸从而导致股价即将反向运行的投资机会。

移动均线指标按照所选定计算区间长短的不一样,通常被划分为短期移动均线、中期移动均线以及长期移动均线几种类型。5日和10日均线组合常常被用于股价短线操作参考指标;20日和60日均线组合常常被用于股价中线操作参考指标;120日和240日均线组合常常被用于股价长线操作参考指标。其中,短期均线组合通常也被叫作日均线指标;中期均线组合通常也被叫作月均线指标;长期均线组合通常也被叫作年均线指标,通常被长线投资的价值投资者使用。

移动均线的计算公式如下

$$MA = (X_1 + X_2 + X_3 + \cdots + X_t)/N$$

其中,N 为所选定的区间长度;X_t 为选定区间第 t 天的股价。最常用的移动均线法则是四条买入和四条卖出法则。当移动均线指标处于股价之下的时候,且均线排列呈现上升趋势,被认为是买入股票的时机;当移动均线指标处于股价之上的时候,且均线排列呈现下降趋势,被认为是卖出股票的时机。均线交叉择时策略是另一种被投资者广泛采用的择时交易策略,通常分为金叉和死叉。所谓金叉指的是当短期均线自下而上穿过长期均线,此时应该做多股价,也就是买入信号;所谓死叉指的是当长期均线自上而下穿过短期均线,此时应该做空股价,也就是卖出信号。

移动均线指标可以用来简单直观地判断股价波动的大致趋势,投资者可以通过使用这个指标快捷地判断买卖时机,但移动均线变化具有相对滞后的特点,这使得股价走势的波峰和低谷很难及时被投资者发现,且一旦市场处于盘整状态的时候,均线指标将会频繁发出交易信号,这种情况将会误导交易者。通常来说,仅依靠均线指标是远远不够的,投资者还需要结合其他技术指标来进行综合判断。

2. 平滑异同移动平均线(MACD)

平滑异同移动平均线(moving average convergence and divergence,MACD),是由指数均线演变而来,由杰拉德·阿佩尔(Gerald Appel)于1979年提出,是一个比较常见的技术指标。MACD指标通过对金融资产价格的收盘价进行平滑处理,生成了两线一柱组合,其中两线是快速线DIF和慢速线DEA,一柱是柱状图MACD。MACD指标可以反映出股票近期价格走势的变化强弱和能量,通过分析快速线和慢速线以及柱状图来把握股票的准确买卖点。

MACD指标具有两点明显的优势:①相比移动平均线,MACD指标弥补了频繁发出假信号的缺陷。②依据近期的均线趋势性,判断上涨或者下跌行情的开始与结束,适合研判中长期走势。

1)计算快速线DIF

快速线DIF由12日指数加权移动平均值减去26日指数加权移动平均值得到,数学表达式为

$$DIF = EMA(12) - EMA(26)$$

2)计算慢速线DEA

慢速线DEA是DIF的9日指数加权移动平均值,数学表达式为

$$DEA = EMA(9)$$

3)计算柱状图MACD

柱状图MACD由快速线DIF与慢速线DEA作差得到,数学表达式为

$$MACD = DIF - DEA$$

4) MACD 择时策略的交易思想

MACD 择时策略与双均线择时策略相似,通过快速线和慢速线的离散、聚合来展现近期股价的多空状态,同时预测股价可能的变化趋势,以确定股票的买点、卖点时机。下面阐述 MACD 择时策略的交易思想。

(1) DIF 和 DEA 的值和线的位置。

①当快速线 DIF 和慢速线 DEA 均处于零线以上,并向上移动时,一般表示处于多头行情中,可以买入或持有。

②当快速线 DIF 和慢速线 DEA 均处于零线以上,但都向下移动时,一般表示处于退潮阶段,股价将下跌,可以卖出和观望。

③当快速线 DIF 和慢速线 DEA 均处于零线以下,并向下移动时,一般表示处于空头行情中,可以卖出或观望。

④当快速线 DIF 和慢速线 DEA 均处于零线以下,但向上移动时,一般表示为行情即将启动,股价将上涨,可以买进或持有待涨。

(2) 交叉情况(金叉与死叉)。

①当快速线 DIF 与慢速线 DEA 都在零线以上,而快速线 DIF 却向下突破慢速线 DEA 时,表明市场即将由强势转为弱势,价格将大跌,这时应卖出而不能买进,这就是 MACD 指标"死亡交叉"的一种形式。

②当快速线 DIF 与慢速线 DEA 都在零线以下,而快速线 DIF 向上突破慢速线 DEA 时,表明市场处于一种强势之中,价格将上涨,可以加码买进或持有待涨,这就是 MACD 指标"黄金交叉"的一种形式。

5) MACD 择时策略分析——以腾讯控股(00700.HK)为例

下面对 MACD 择时策略做进一步分析,以腾讯控股 2019 年股票交易数据为例,解读金叉与死叉。

(1) 死亡交叉。2019 年 4 月 24 日,MACD 从正数转变为负数,腾讯控股的历史收盘价计算出来的快速线 DIF 与慢速线 DEA 都在零线以上,并且快速线 DIF 向下突破慢速线 DEA,形成"死亡交叉",表明腾讯控股(00700.HK)将由强势转为弱势,价格将大跌,这时应卖出而不能买进,如图 2-2 所示。

(2) 黄金交叉。2019 年 6 月 6 日,MACD 从负数转变为正数,腾讯控股的历史收盘价计算出来的快速线 DIF 与慢速线 DEA 都在零线以下,并且快速线 DIF 向上突破慢速线 DEA,形成"黄金交叉",表明腾讯控股(00700.HK)将由弱势转为强势,价格将上涨,可以加码买进或持有待涨,如图 2-2 所示。

3. 相对强弱指标(RSI)

相对强弱指标(RSI)是一种将一段选定的时间区间里面的平均收盘涨跌数进行比较,从而用于分析市场交易多空两方的交易意向和资金实力,进而可以预测出股价未来趋势的技术指标。作为一种对行情预测较为准确并且计算简单的技术指标,RSI 被广泛地运用在众多投资者的日常交易活动中。不过,并没有一个绝对的指标可以衡量不同交易标的的相对强弱,这是因为不同股票其价格绝对值存在着一定的差别。因此,有经验的技术分析投资者通常采取比较股票相对强弱比率这个技术指标的相对变化比率来进行综合判断。

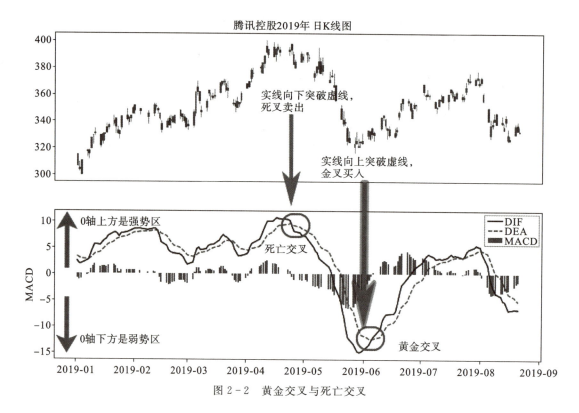

图 2-2 黄金交叉与死亡交叉

强弱指标理论认为,任何市价的大涨或大跌,均在 0 至 100 之间变动。根据常态分配,RSI 值多在 30 至 70 之间变动。通常 RSI 值在 80 甚至 90 时,被认为市场已达到超买(overbought)状态,至此市场价格自然会回落调整;当价格低跌至 20~30 及以下时,即被认为是超卖(oversold)状态,市价将出现反弹回升。

相对强弱指标是通过比较一定时段收市价格而计算出来的。其计算公式如下:

$$RSI = 100 - [100 / (1+RS)]$$

其中,RS=一段时间内收市价上涨数之和的平均值/一段时间内收市价下跌数之和的平均值。

RSI 具有指示作用,具体如下:

(1)RSI 值的变化范围均在 0 至 100 之间,强弱指标理论认为任何价格的涨跌均在 0 至 100 之间变动。一般来说,RSI 值保持在 50 以上时,为强势市场;低于 50 时,为弱势市场。

(2)RSI 值在 50 至 70 之间波动时,表明市场出现超买现象,如继续上升,超过 90 时,则已到严重超买区,价格已达到顶部,极有可能在短期内转升为跌。

(3)当 RSI 值下降至 30~50 时,表明市场已进入超卖状态,一旦下降至 10 以下,表明市场进入严重超卖区,价格市场可能止跌回升。

(4)RSI 上升而价格反而下跌,或 RSI 下降而价格反而上涨,这种情况称为背离。背离意味着市场可能反转。

(5)当 RSI 从 20 或 80 回到 50 时,说明一个趋势的完成;离开 50 时,说明一个趋势的开始。

2.2.2 市场情绪

1. 基本概念

在金融交易中,羊群效应、追涨杀跌等行为模式屡见不鲜,仿佛揭示投资者并非我们想象的那般理性;在金融市场的起起伏伏中,黑色星期一、互联网泡沫等时代断点一再出现,更加透露投资者很难促使资产向内在价值回归。什么在推动着股市如此剧烈的波动?什么在左右市场的供需关系?大量对美国股市的研究表明,股票市场的大风大浪之下,经济的基本面并无巨大差异。斯隆(Sloan)等认为,基本面信息只解释股票价格波动的30%,剩下的70%都要由投资者的"非理性认知"来解释。正如凯恩斯所言,"市场处于非理性的时间要长于你酒醉不醒的时间"。如今,这个能带给股市巨大影响的"非理性认知"越来越受到人们的关注,它便是本小节要讨论的主题——市场情绪。

要认识市场情绪,不得不谈到行为金融学派的异军突起。与恪守理性人假设的传统金融学派不同,行为金融学派面对种种市场异象,大胆地假设了投资者非理性的本质。其遵循人类的情感规则,假设投资者非理性、非同质,厌恶损失而非厌恶风险。其结合认知心理学的研究结论,用启发性思维、锚定效应、过度自信等认知现象对市场异象进行解读。行为金融学派如今已成为金融领域最具活力的学派。本小节所探讨的市场情绪,便是行为金融学派在宏观层面上对投资者行为的解读。

市场情绪的学术定义不一,德朗(Delong)等定义其为投资者对资产未来现金流和投资风险的预期形成的一种信念,但这一信念并不完全反映当前已有的事实,且不同投资者对同一资产可能会有不同的信念。更通俗地讲,我们将市场上的投资者分为两类:理性投资者和非理性投资者。理性投资者根据基本面信息交易,而非理性投资者,会根据一些与基本面无关的信息交易,这类信息就是市场情绪。市场情绪会导致投资者对股票价格出现认知偏差,对资产错误定价,如斯隆(Sloan)等认为,70%的股价波动由市场情绪引起。更极端的情况下,空前乐观的市场情绪会推升股价不断高企,形成泡沫;极度悲观的市场情绪会促使股价一泻千里,酿成危机。

研究市场情绪,有助于我们理解投资者的行为机制,解释市场异象。特别在A股市场,制度不健全、信息不对称、套利渠道有限,有效市场的假设更难实现,市场情绪更容易兴风作浪。因此,开展市场情绪的研究将有助于我们预判A股市场的走向,制定相应的投资策略,取得超额收益。

2. 市场情绪类别

市场中反映投资者情绪的指标比较多,这里我们把指标分为直接调查型、折溢价率型、新股型、市场指标型和投资者行为型五种,如表2-4所示。

表2-4 投资者情绪指标类别

类型	指标
直接调查型	投资信心指数
折溢价率型	权证溢价率、可转债转股溢价率、封闭式基金折价率
新股型	中签率、上市首日涨跌幅、新股发行市盈率
市场指标型	上涨下跌家数、创新高(低)家数、换手率
投资者行为型	新增开户数、基金仓位、卖空比例、保证金交易

1) 直接调查型

为了直接获得投资者真实的情绪状况,国内外机构很多采取直接调查问卷的方法获取第一手资料。

2) 折溢价率型

折溢价率是反映市场情绪的一个重要指标。折溢价率与市场情绪具有较高的相关性:当市场情绪高涨时,折溢价率较高;当市场情绪低迷时,折溢价率较低。折溢价率型指标包含权证溢价率、可转债转股溢价率和封闭式基金折价率。

对于权证而言,溢价率就是标的股票的现在市场价格至少需要变动多少就可以使投资者恰好不亏不赢。虽然权证能够反映出市场情绪的变化,但由于权证价格波动较大,容易受到市场投机的影响,且品种较少,到期期限不一,代表性不强。考虑到这些因素未将其作为市场情绪指标,而可转换债券的转股溢价率和封闭式基金的折价率则很好地避免了这些因素,因而将其作为市场情绪的指标。可转换债券的市场规模较大,较权证而言更能反映出机构投资者的投资情绪,因而更具有代表性。

(1) 可转债转股溢价率。对于可转换债券而言,转股溢价率就是正股当前价格需要变动多少百分比才可以使可转换债券与正股同步波动。

$$转换价值 = (转债价格 / 正股当前价格) \times 股执行价$$

$$转股溢价率 = (可转债当前价格 - 转换价值) / 转换价值 \times 100\%$$

(2) 封闭式基金折价率。对于封闭式基金而言,折价率是评估封闭式基金的一个重要指标,折价率公式如下:

$$折价率 = (单位基金市价 - 单位基金净值) / 单位基金净值 \times 100\%$$

折价率越高,说明单位基金的市价低于单位基金净值的比例越大,就好比花较少的钱买了一个价值更高的产品,因此在封闭式基金到期按照其单位净值结算时,投资者就会赚得一个投资差价。市场参与者情绪悲观,基金折价率一般较低;市场参与者情绪乐观,基金折价率一般较高。

3) 新股型

新股,即指刚发行上市正常运作的股票。经过初次在股市上公开募股发行上市的公司,其发行当天的股价和发行状况很容易受到市场参与者投资情绪的影响。假如此时市场情绪高涨,则新股发行首日涨幅一般较大,新股发行市盈率也会很高;假如此时市场情绪低迷,则发行首日股票价格很可能一路下跌,此时投资者热情不高,股市跌声连连,此时政府不得不叫停首次公开募股(IPO),如 A 股历史上就曾 8 次叫停 IPO。由上可见,新发行股票的许多参数可以间接地反映出投资者情绪,在这里我们选取 IPO 首日涨跌幅和 IPO 发行 PE 来反映投资者情绪。

4) 市场指标型

反映市场情绪的市场指标有很多,包括上涨下跌家数、创新高(低)家数、换手率、资金流量、新低股票等。

5) 投资者行为型

市场参与者的行为来源于人们内心的想法,它可以在一定程度上说明人们的投资热度,折射出股市中的投资者情绪。

3. 市场情绪指标选取

单个分散的情绪指标只能从股票市场的某一方面反映出市场投资者的情绪状况，整体过于碎片式，难以从整个股市的角度反映整个股票市场投资者的整体情绪状况。比如，封闭式基金折价率指标更多地反映了个体投资者的情绪状况，而基金仓位则更多地反映了机构投资者的情绪状况。

国内众多学者提出了多组情绪指标的构建方法并实证其有效性。本书选择学术界广泛认可的可代表投资者情绪的4个原始指标，分别为：加权封闭式基金折价率、IPO数量、换手率和新增开户数，运用主成分分析法(PCA)对4个指标进行分析，最终构建投资者情绪的复合指数变量。

(1)加权封闭式基金折价率。加权封闭式基金折价率指在这种封闭式运作的基金发行结束后，其市场价格低于净值的现象，并且其折价率反映了该基金的市场价格偏离该基金净值的水平。当投资者情绪处于较高水平时，投资者对未来行情的认可能够使得封闭式基金的折价率变小；当投资者情绪处于低落阶段，这种悲观情绪将会影响市场，加大该基金的折价率。该指标计算方式如下：

$$\text{WACEFD}_t = \sum_{i=1}^{n} \frac{\text{NAV}_{it} - P_{it}}{\text{NAV}_{it}} \times 100\% \times W_{it}$$

其中，NAV_{it}是基金i在t时刻的基金净值；P_{it}是该基金在t时刻的市场价格；W_{it}是该基金在t时刻封闭式基金样本中所占的权重。

$$W_{it} = \frac{\text{NAV}_{it}}{\sum_{i=1}^{n} \text{NAV}_{it}}$$

(2)IPO数量。在中国股票市场里，IPO常常牵动着投资者的情绪。当投资者情绪处于高涨阶段时，投资者投资交易的意愿很强，此时进行IPO容易受到市场的热捧。而当市场中投资者情绪低落时，投资者很可能不愿积极投资，新发行股票的发售结果也会不太理想。考虑到这个原因，公司会更倾向于在市场中投资者情绪高涨时发行新股，因而，投资者情绪的高涨往往会伴随着IPO数量的增加。

(3)换手率。换手率是指某段时间内成交的股票数量与流通总股票数量的比值，该指标反映出市场中的投资者参与交易的活跃程度，代表了整个市场的流动性。在投资者情绪高涨的情况下，投资者认为接下来的行情可能更好，他们会拥有较强的交易意愿，从而使得市场的换手率较高，而当市场中的投资者情绪变得低落时，投资者不看好后市，他们的交易意愿会表现出不足的特征，更倾向于不进行买卖股票的行为，因此市场中的换手率会处于较低的水平。

(4)新增开户数。我国股市是典型的新兴资本市场，正处于快速发展中，股市中的新增开户数量能够直接表现出投资者参与股票交易的积极性，因此也能反映其情绪。可以预见，市场中的新增开户数会随着投资情绪的走高而增加。反之，如果投资者情绪低落，投资者也没有意愿去新开账户参与股票交易活动。

运用主成分分析方法确定特征向量e_1, e_2, e_3, e_4，则市场情绪指数构建如下：

情绪指数 = $e_1 \times$加权封闭式基金折价率 + $e_2 \times$IPO数量 + $e_3 \times$换手率 + $e_4 \times$新增开户数

2.3 投资组合

2.3.1 基本概念

投资组合理论有狭义和广义之分。狭义的投资组合理论指的是马科维茨(Markowitz)投资组合理论;广义的投资组合理论除了经典的投资组合理论以及该理论的各种替代投资组合理论外,还包括由资本资产定价模型和证券市场有效理论构成的资本市场理论。同时,由于传统的有效市场假说(efficiency market hypothesis,EMH)不能解释市场异常现象,故投资组合理论又受到行为金融理论的挑战。马科维茨创建的现代投资组合理论可以看作是量化投资领域的奠基之作。他提出了风险报酬和投资组合有效前沿的概念,用投资组合历史收益的均值表示期望,方差表示投资收益的风险,通过对资产进行均值-方差分析来选择最优投资组合,这对量化投资组合的评价与选择有着重要的影响。现代投资组合理论是在投资者是理性的,选择规避风险的同时追求期望效用最大化,并且会根据收益率的期望值与方差来选择投资组合等一系列的假设基础上推导得出的。

2.3.2 主要内容

美国经济学家马科维茨(Markowitz)1952年首次提出投资组合理论,并进行了系统、深入和卓有成效的研究,他因此也获得了诺贝尔经济学奖。投资组合理论包含两个重要内容:均值-方差分析方法和投资组合有效边界模型。马科维茨投资组合理论的基本假设为:①投资者是风险规避的,追求期望效用最大化;②投资者根据收益率的期望值与方差来选择投资组合;③所有投资者处于同一单期投资期。

马科维茨提出以期望收益及其方差(E,δ^2)确定有效投资组合。以期望收益E来衡量证券收益,以收益的方差δ^2表示投资风险。资产组合的总收益用各个资产预期收益的加权平均值表示,组合资产的风险用收益的方差或标准差表示,则现代投资组合理论马科维茨优化模型的目标函数为

$$\min \delta^2(r_p) = \sum \sum w_i w_j \times \text{cov}(r_i, r_j)$$

$$E(r_p) = \sum w_i \times r_i$$

其中,$\delta^2(r_p)$表示该投资组合收益的方差,即组合的总体风险;$E(r_p)$为投资组合预期收益率;r_i、r_j为投资组合中资产i和资产j预期收益;w_i、w_j表示投资组合中资产i和资产j的投资比例,即组合中的权重;$\text{cov}(r_i, r_j)$表示资产i和资产j之间的协方差。

马科维茨模型是现代投资组合理论中的经典模型,是以资产权重为变量的二次规划问题,采用微分中的拉格朗日目标函数求解,在一定的限制条件下,求使得投资组合收益方差$\delta^2(r_p)$最小时的最优的证券投资比例w_i。其经济学意义是,投资者预先确定一个期望收益率,可以通过$E(r_p) = \sum w_i \times r_i$调整投资组合中每种资产所占的权重大小,使得整个投资组合收益率的风险最小,所以在不同的期望收益水平下,得到相应地使方差最小的资产组合解,这些解构成了最小方差组合,也就是我们通常所说的有效组合。有效组合的收益率期望和相

应的最小方差之间所形成的曲线,就是有效组合投资的前沿。投资者根据自身的收益目标和风险偏好,在有效组合前沿上选择最优的投资组合方案。

根据马科维茨模型,构建投资组合的合理目标是在给定的风险水平下,形成具有最高收益率的投资组合,即有效投资组合。此外,马科维茨模型为实现最有效目标投资组合的构建提供了最优化的过程,这种最优化的过程被广泛地应用于保险投资组合管理中。

马科维茨投资组合理论的基本思路是:①投资者确定投资组合中合适的资产;②分析这些资产在持有期间的预期收益和风险;③建立可供选择的证券有效集;④结合具体的投资目标,最终确定最优证券组合。

马科维茨投资组合理论认为,由于有些资产之间相关系数为负,故分散化投资可以减少个别风险;任意两个证券通过分散化投资,合理分配投资比例,构成的投资前沿并非一条直线,而是向风险较小的一侧弯曲,这说明通过分散化而不是集中化投资,有利于控制风险。

2.3.3 基本理论

马科维茨经过大量观察和分析,他认为,若在具有相同回报率的两个证券之间进行选择,任何投资者都会选择风险小的。这同时也表明投资者若要追求高回报,必定要承担高风险。同样,出于回避风险的原因,投资者通常持有多样化投资组合。马科维茨从对回报和风险的定量出发,系统地研究了投资组合的特性,从数学上解释了投资者的避险行为,并提出了投资组合的优化方法。一个投资组合是由组成的各证券及其权重所确定的。因此,投资组合的期望回报率是其成分证券期望回报率的加权平均。除了确定期望回报率外,估计出投资组合相应的风险也是很重要的。投资组合的风险是由其回报率的标准方差来定义的。这些统计量描述回报率围绕其平均值变化的程度,如果变化剧烈则表明回报率有很大的不确定性,即风险较大。

从投资组合方差的数学展开式中可以看到,投资组合的方差与各成分证券的方差、权重以及成分证券间的协方差有关,而协方差与任意两个证券的相关系数成正比。相关系数越小,其协方差就越小,投资组合的总体风险也就越小。因此,选择不相关的证券应是构建投资组合的目标。另外,由投资组合方差的数学展开式可以得出,增加证券可以降低投资组合的风险。

基于回避风险的假设,马科维茨建立了一个投资组合的分析模型,其要点为:①投资组合的两个相关特征是期望回报率及其方差。②投资将选择在给定风险水平下期望回报率最大的投资组合,或在给定期望回报率水平下风险最低的投资组合。③对每种证券的期望回报率、方差和与其他证券的协方差进行估计和挑选,并进行数学规划,以确定各证券在投资者资金中的比重。

马科维茨模型也存在一些不足,具体如下:

首先,马科维茨模型最主要的缺陷是难以在实践操作中完美实行。基于马科维茨的理论需要计算投资组合的成分资产的权重,而这建立在计算所有成分资产之间的协方差之上。如果投资组合包含的资产数量较多,协方差数据的计算量将会十分巨大,这严重地限制了马科维茨模型的应用。

其次,马科维茨模型对于结果的判断严格依赖数据的准确性,这也使得任何细微的数据误差会给模型带来一定的影响,并造成对于最后结果判断的失准。在马科维茨模型中,需要使用到的变量包括金融资产的预期收益率、预期收益率的方差以及金融资产之间的相关系数。马科维茨对于资产组合有效边界的建立完全基于以上这些数据，而实践中金融资产的预期收益率通常来源于各种数学方法的计算，并不是真实的数据，只是基于计算的估计值。也正因为如此，方差和协方差都会或多或少地存在误差，那么整个模型的精确程度就会将这些误差累加和放大，最终对于投资的有效边界的判断并不精准，也就使得投资者的投资未必是实际上的最优解。

最后，由于模型的解的不稳定性，会导致在实践中的交易成本激增。马科维茨模型的最优边界依赖于输入数据的准确程度，而由于误差和不精确的数据是无法避免的存在，这使得投资的有效边界不稳定，那么在实践中如果严格遵循在有效边界上确定投资组合，则有可能在每次调仓时需要做出频繁调整，这将导致持有和管理资产组合的成本上升。

2.4 算法交易

2.4.1 基本概念

算法交易，也称为自动交易、黑盒交易，是指通过使用计算机程序来发出交易指令，以执行预先设定好的交易策略。程序中包含许多变量，包括时间、价格、交易量，由计算机程序发起指令，而无须人工干预。算法交易广泛应用于投资银行、养老基金、共同基金以及其他买方机构投资者，以把大额交易分割为许多小额交易来应付市场风险和冲击。卖方交易员，例如做市商和一些对冲基金，为市场提供流动性，自动生成和执行指令。

相比于手动订单执行而言，算法交易具有一系列的优势，主要体现在：减少冲击成本，自动监控交易机会，隐蔽交易意图；寻求最佳的成交执行路径，得到市场最好的报价；避免人的非理性因素造成的干扰；快速分析多种技术指标，更精确地下单；同时管理大量的操作，自动判断并将大单分拆为小单。

2.4.2 国内外算法交易的发展

海外专业机构统计表明，算法交易正风靡全球金融市场，已成为欧美等发达资本市场的主要交易模式，其交易品种涵盖了股票、期货、期权期货、债券、交易所交易基金(ETF)、固定收益产品和外汇交易。在欧美，算法交易作为订单执行的策略和工具，被机构交易者广泛采用。

金融市场的下单指令流计算机化始于 20 世纪 70 年代早期，其标志是纽约证券交易所 (New York Stock Exchange, NYSE)引入订单转送及成交回报(designated order turnaround, DOT)系统以及开盘自动报告服务系统(opening automated reporting system, OARS)。DOT系统直接把交易所会员单位的盘房与交易席位联系起来，直接通过电子方式将订单传至交易席位，然后由人工加以执行；而 OARS 可以辅助专家决定开盘结算价。

程序化交易(program trading)起源于 1975 年美国出现的"股票组合转让与交易"，即专业投资经理和经纪人可以直接通过计算机与股票交易所联机，来实现股票组合的一次性买卖交易。由此，金融市场的订单实现了电脑化。

算法交易在欧美应用已经非常广泛，并诞生了很多著名的量化基金，其中不乏业绩相当突出的,比如数学家西蒙斯所组建的文艺复兴技术公司在算法交易的应用上处于领先地位。

艾特集团(Aite Group)的调研表明,算法交易在欧盟的证券交易中占40%左右,在美国超过90%的对冲基金采用了算法交易,且近年来呈指数方式增长,其市场份额从2006年约30%上升到2009年的73%,2012年该数字虽下滑至50%左右,但占比依旧巨大。

在亚洲地区,大约有50%的衍生品交易采用算法交易。东京证券交易所、新加坡交易所已经成为亚洲地区采用算法交易的主要市场。目前几大外资银行如花旗、美林证券、荷兰银行、雷曼兄弟等,也都已经在亚洲地区普遍使用算法交易。

与成熟的欧美市场相比,尽管目前我国已有部分机构采用了算法交易,但算法交易在国内总体上仍处于系统研究和初步试验的阶段。中国深圳国泰安信息技术有限公司是国内最早开始研发算法交易系统的公司之一,目前已经推出了"国泰安算法交易系统",并在香港市场上线交易。该系统采用国际最主流的交易策略进行智能化下单交易的专业投资工具,帮助用户实现减少市场冲击、降低交易成本、增加投资收益、实现套利的目的。国泰安算法交易研发组与多位美国华尔街业内资深算法专家保持密切联系,紧密跟踪最前沿的算法研发趋势,目前已成功开发了适应国内A股和港股的多种国际主流算法策略,主要有"VWAP""VP""TWAP""Schedule""MOC""Sniper"等策略。据统计,在目前国际市场上,通常采用的策略主要有6~8种,而采用"VWAP""TWAP""VP"3种策略进行交易的成交量约占算法交易总成交量的60%。同时,国泰安算法交易研发组开发了"MOC""Sniper"等高级策略,满足了目前绝大多数金融机构限价下单的需求。国泰安设计的算法策略考虑了国内证券交易的实际规则,经过对大量历史高频数据的建模分析,完全适合国内证券交易市场;同时支持用户灵活配置策略参数,动态监控算法执行情况,能够有效地控制交易风险;而且操作简单,能够让客户非常方便地体验到算法策略带来的便利和收益。国泰安算法交易系统有以下几方面特点:

(1)规则优化处理。根据国内证券交易的实际规则,经过对大量历史高频数据的检验分析,对算法策略进行修正与完善,使国泰安算法交易系统真正适合国内证券交易市场。

(2)灵活策略配置。用户可根据交易习惯、市场变化,选择不同算法,设置参与度、缓急度、交易时点等参数,灵活调整交易策略。

(3)完整决策结构。该系统决策结构完整,提供交易前、中、后的交易服务。

交易前:收集历史交易数据,分析交易时间、价格、数量,制定多种交易策略。

交易中:系统自动执行交易策略;用户也可实时监控交易,及时处理突发事件,如不满意交易结果,也可手动停止。

交易后:系统提供详细的交易报告,供用户盘后分析,且可据此优化算法策略,增加投资回报。

(4)动态交易及风险监控。运用动态图形监控画面,用户可以轻松监控股票组合、个股的交易执行和风险等情况,而且可以设定各种预警指标和预警动作,有效地控制交易风险。

(5)操作简单方便。学习国际经验,化繁为简,任何用户都可以通过简单的操作,直接体验到算法策略带来的便利和收益。

2.4.3 算法交易类型

根据各个算法交易中算法的主动程度不同,可以把算法交易分为被动型算法交易、主动型算法交易、综合型算法交易三大类。

1. 被动型算法交易

被动型算法交易除利用历史数据估计交易模型的关键参数外,不会根据市场的状况主动选择交易的时机与交易的数量,而是按照一个既定的交易方针进行交易。该策略的核心是减少滑价(目标价与实际成交均价的差)。被动型算法交易最成熟,使用也最为广泛,如在国际市场上使用最多的成交量加权平均价格(VWAP)、时间加权平均价格(TWAP)等都属于被动型算法交易。

2. 主动型算法交易

主动型算法交易也叫机会型算法交易,这类交易算法根据市场的状况做出实时的决策,判断是否交易、交易的数量、交易的价格等。主动型算法交易除了努力减少滑价以外,把关注的重点逐渐转向了价格趋势预测上。如判断市场价格在向不利于交易员的方向运动时,就推迟交易的进行,反之加快交易的速度。当市场价格存在较强的均值回归现象时,必须迅速抓住每一次有利于自己的偏移。

3. 综合型算法交易

综合型算法交易是前两者的结合,既包含既定的交易目标,具体实施交易的过程中也会对是否交易进行一定的判断。这类算法常见的方式是先把交易指令拆开,分布到若干个时间段内,每个时间段内具体如何交易由主动型交易算法进行判断。被动型算法交易和主动型算法交易结合,可以达到单独一种算法所无法达到的效果。

2.4.4 算法交易策略

算法交易的核心在于交易策略的构建,好的算法交易策略能够有效控制交易成本,实现交易价格的最优化。接下来我们简单介绍一下市场上最为常见的一些算法交易策略。

1. TWAP 策略

TWAP 策略即时间加权平均价格算法,是最为简单的一种传统算法交易策略。该模型将交易时间进行均匀分割,并在每个分割节点上将均匀拆分的订单进行提交。例如,A 股市场一个交易日的交易时间为 4 小时,即 240 分钟。首先将这 240 分钟均匀分为 N 份(或将 240 分钟中的某一部分均匀分割),如 240 份。TWAP 策略会将该交易日需要执行的订单均匀分配在这 240 个节点上去执行,从而使得交易均价跟踪 TWAP。

$$\text{TWAP} = \frac{\sum_{t=1}^{N} \text{price}_t}{N}$$

TWAP 策略设计的目的是在使交易对市场影响最小化的同时提供一个较低的平均成交价格,从而达到减小交易成本的目的。在分时成交量无法准确估计的情况下,该模型还是较好地实现了算法交易的基本目标。但是,TWAP 策略遇到比较大的问题是,在订单规模很大的情况下,均匀分配到每个节点上的下单量仍然较为可观,仍有可能对市场造成一定的冲击。另外,真实市场的成交量是波动变化的,将所有的订单均匀分配到每个节点上显然是不够合理的。因此,人们很快建立了基于成交量变动预测的 VWAP 模型。不过,由于 TWAP 操作和理解起来非常简单,因此其对于流动性较好的市场和订单规模较小的交易仍然较为适用。

2. VWAP 策略

VWAP 策略即成交量加权平均价格算法,是目前市场上最为流行的算法交易策略之一,也是很多其他算法交易模型的原型。VWAP 是一段时间内证券价格按成交量加权的平均值,公式如下

$$\text{VWAP} = \frac{\sum_t \text{price}_t \times \text{volume}_t}{\sum_t \text{volume}_t}$$

其中,price_t 和 volume_t 分别是 t 时点上证券的成交价格和成交量。

VWAP 算法交易策略的目的就是尽可能地使订单拆分所成交的 VWAP 成交盯住市场的 VWAP 市场。从 VWAP 的公式来看,若希望能够跟住 VWAP 市场,则需要将拆分订单按照市场真实的成交量分时按比例进行提交,这就需要对市场分时成交量进行预测。通常来说,VWAP 策略会使用过去 M 个交易日分段成交量的加权平均值作为预测成交量,这时就要涉及 M 和权数的确定,这里我们暂不进行深入探讨。更为严格地说,假设需要在某段时间买入一定数量的股票,采用算法交易将这段时间分为 N 部分,并预测每部分时间的成交比例(占所需成交量)为 vp,而市场真实的分段成交比例(占市场真实成交量)为 vm,市场在每个时点的真实成交价格为 P,则可以定义跟踪误差

$$TD = \sum_t P_t \times (vm_t - vx_t) \begin{cases} vx_t = vp_t \text{ if } vm_t > vp_t \\ vx_t = vm_t \text{ if } vm_t \leqslant vp_t \end{cases}$$

从上式可以看出:①跟踪误差与成交量预测的关系非常紧密,预测结果的好坏直接影响到 VWAP 算法交易结果的好坏。②当某段时间的 vp 超过市场真实 vm 时,有可能造成订单无法全部成交,这样就会造成算法交易执行效率的下降,因此,更为常用的是被称为"带反馈的" VWAP 算法交易策略。

所谓带反馈的 VWAP 算法交易策略,是指在原有 VWAP 跟踪的基础之上,将每个时段未成交的订单按比例分摊至后面的时间段中,这样可以有效提高成交比率。之前所讨论的 TWAP 策略也可以采用该类反馈技术,使执行效率大幅提升。

3. VP 策略

VP 策略即固定百分比成交策略,它与 VWAP 策略类似,也是跟踪市场真实成交量的变化,从而制定相应的下单策略。所不同的是,VWAP 是在确定某个交易日需要成交数量或成交金额的基础上,对该订单进行拆分交易;而 VP 则是确定一个固定的跟踪比例,根据市场真实的分段成交量,按照该固定比例进行下单。

例如,将某个交易日均分为 48 段,每段 5 分钟。根据预测成交量,按照 10% 的固定比例进行下单。这样的策略所带来的结果是,当所需要成交的订单金额较小时,可能会在交易时间结束之前就完成所有交易,从而造成对市场均价跟踪偏离的风险。因此我们认为,该策略适用于规模较大、计划多个交易日完成的订单交易,此时若能选择合适的固定百分比,使得成交能够有效完成,则 VP 是一种可以较好跟踪市场均价的算法交易策略。

从欧美发达金融市场的发展来看,自算法交易推出以来,该领域的研究一直受到相关机构

投资者的重视。算法交易的使用者从大型机构投资者,到中小型机构投资者,再到个人投资者,以迅雷不及掩耳之势在整个市场上蔓延开来。当然,这样的发展速度同样也是以欧美先进的计算机及网络技术为依托和支撑的。另外,各类投资者也确实通过算法交易在大规模的证券交易中尝到了甜头,使得市场的非系统风险得到了进一步控制。也正是对交易成本的有效控制,使得市场形成一定的正反馈机制,进而推动了算法交易的不断发展。

近几年来,我国股票市场中也有一些机构投资者逐渐加入到了算法交易的队伍中,并且成功地对交易成本进行了定量控制。但是目前我国整个市场的算法交易参与比例还很低,因此,在算法交易全球化的趋势下,预计未来几年我国算法交易将迎来飞速的发展。

第 2 部分

量化投资之 Python 工具

第 3 章　Python 量化语言介绍

Python 是我们与计算机交流的一种语言。我们把想让计算机做的事情用 Python 写出来，就如同下文那样的一行行代码，计算机才能理解并按照我们的想法去做。

3.1　基础知识

3.1.1　Python 语言简介

1. Python 语言简介

Python 语言作为一种脚本类的语言，以快速解决问题而著称。

(1) Python 是一种面向对象、解释型计算机程序设计语言。

(2) Python 支持命令式编程（how to do）、函数式编程（what to do）。

(3) Python 语言可以把多种不同语言编写的程序融合到一起实现无缝拼接，更好地发挥不同语言和工具的优势，满足不同应用领域的需求，因此又被称胶水语言。

(4) Python 目前存在 2.x 和 3.x 两个系列版本，互相之间不兼容。

目前，Python 语言广泛用于大数据处理和人工智能领域。

2. Python 语言的特点

(1) 优点。

①语法简洁、清晰，易于学习；

②免费、开源，用户社区庞大；

③面向对象，使得程序设计更贴近现实生活；

④跨平台，具有可移植性；

⑤具有丰富和强大的库。

(2) 缺点。

①效率低，框架选择多；

②运行速度慢。

3.1.2　Python 安装和使用

在 Python 的官网 www.python.org 中找到最新版本的 Python 安装包，点击进行下载。请注意，当你的电脑操作系统是 32 位的机器时，请选择 32 位的安装包，如果是 64 位的机器，请选择 64 位的安装包。Python 安装好之后，我们要检测一下是否安装成功，用系统管理员打开命令行工具 cmd，输入"python －V"，然后敲回车，如果出现 Python 的版本号则表示安装成功了。

安装成功之后，当然要写第一个 Python 程序。例如，假设写一个"hello world"的程序。

打开 cmd,如图 3-1 所示,输入"python"后敲回车,进入 python 程序中,可以直接在里面输入命令,然后敲回车执行程序。例如,我们打印一个"hello world",在里面输入 print("hello world"),敲回车,所有程序员都会遇到的第一个程序就出现了。

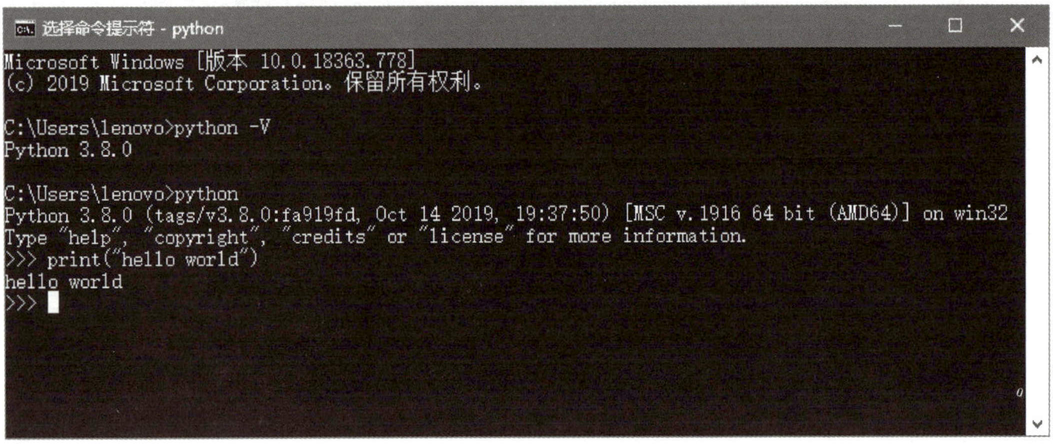

图 3-1 命令行工具运行程序

3.1.3 Python 变量

Python 的变量不需要声明变量名机器类型,直接赋值即可创建各种类型变量。例如:

>>>a = 10

那么 Python 内存里就有了一个变量 a,它的值是 10,它的类型是 integer(整数)。在此之前,你不需要做什么特别的声明,数据类型是 Python 自动决定的。下面代码演示了 Python 变量类型的变化。

>>>print(a)
10
>>>print(type(a))
<class 'int'>
>>>a='Hello world.'
>>>print(type(a))
<class 'str'>

其中,内置函数 type()用以查询变量的类型。代码中首先创建了整型变量 a,然后创建了字符串类型的变量 a。当创建了字符串变量 a 之后,之前创建的整型变量 a 将自动失效。

在定义变量名时,需要注意以下问题:
(1)变量名必须以字母或下划线开头。
(2)变量名中不能有空格以及标点符号。
(3)不能使用 Python 关键字作为变量名。

3.1.4 运算符

Python 的运算符和其他语言类似,支持算数运算符、比较运算符、逻辑运算符以及位运算符。

1. 算数运算符

(1)＋表示加号,如9＋2的值为11。
(2)－表示减号,如9－2的值为7。
(3)/表示除号,如9/2表示9除以2,结果为4.5。
(4)＊表示乘号,如9＊2的值为18。
(5)//表示取整,如9//2表示整除运算,结果为4。
(6)％表示求余,如9％2的值为1。
(7)＊＊表示次方,如9＊＊2的值为81。

2. 比较运算符

(1)＞表示大于,如9＞2结果为true。
(2)＞＝表示大于等于,如9＞＝2结果为true。
(3)＜表示小于,如9＜2结果为false。
(4)＜＝表示小于等于,如9＜＝2结果为false。
(5)＝＝表示等于,如9＝＝2结果为false。
(6)！＝表示不等于,如9！＝2结果为true。

3. 逻辑运算符

Python中数字0和1分别表示为假(false)和为真(ture)。除了特殊值0和1之外,其他数字都会被视为true来实现。

(1)and 与运算,如9 and 2 结果为true,
     9 and 0 结果为false。
(2)or 或运算:9 or 0 结果为true。
(3)not 运算:not 9 结果为false,
     not 0 结果为true。

4. 成员测试运算符 in

成员测试运算符 in 的功能为测试一个对象是否为另一个对象的元素。

```
>>> 3 in [1, 2, 3]          ＃测试3是否存在于列表[1,2,3]中
True
>>> 5 in range(1, 10, 1)
True
>>> 'abc' in 'abcdefg'      ＃子字符串测试
True
```

5. 同一性测试运算符 is

同一性测试运算符 is 用来检测是否为同一对象,如果是同一个,二者具有相同的内存地址。

```
>>> x = [300, 300, 300]
>>> x[0] is x[1]        # 基于值的内存管理,同一个值在内存中只有一份
True
>>> x = [1, 2, 3]
>>> y = [1, 2, 3]
>>> x is y              # 上面形式创建的 x 和 y 不是同一个列表对象
False
```

6. 位运算符

(1) 按位与运算: &。

(2) 按位或运算: |。

(3) 按位异或运算: ^。

(4) 按位左移运算: <<。

(5) 按位右移运算: >>。

3.1.5 模块导入

Python 默认安装包含了基本模块,用户还可以安装其他第三方模块,使用 pip 命令安装 Python 扩展库。Python 导入标准库和第三方库中的对象有以下几种方式:

1. import 模块名 [as 别名]

在使用对象时,一般使用"模块名.对象名"方式进行访问。如果为导入模块设置一个别名,则使用"别名.对象名"方式进行访问对象。

```
>>> import math                      # 导入标准库 math
>>> math.sin(3)                      # 求 3(弧度)的正弦
0.1411200080598672
>>> import random
>>> x = random.random()              # 获得[0,1)内的随机小数
>>> print(x)
0.09641005705525996
>>> y = random.randint(1,10)         # 获得[1,10]上的随机整数
>>> print(y)
6
```

2. from 模块名 import 对象名 [as 别名]

导入标准库和第三方库中的对象时,还可以明确导入指定的对象名,或者为导入对象起个别名,这种方式可以提高访问速度。

```
>>> from math import sin             # 只导入标准库 math 中的指定对象
>>> sin(0.5)
0.479425538604203
>>> from math import *               # 导入标准库 math 中的所有对象
>>> gcd(12,36) sin                   # 求最大公约数
```

```
12
>>> sin(3)
0.1411200080598672
>>> from math import sin as f      #别名
>>> f(3)
0.1411200080598672
```

每个 import 语句只导入一个模块,一般按照标准库、扩展库、自定义库的顺序依次导入。

3.1.6 Python 代码编写规范

1. 大小写敏感

Python 语言代码对字母大小写敏感,即字母的大写与小写要区分开,如果你把前文例子的代码中的若干个字母从小写变成大写,系统会报错。

2. 要用英文符号

Python 语言代码中,冒号、逗号、分号、括号、引号等各种符号必须用英文的,中文的会不识别而报错。

3. 注释

为了让代码便于交流理解,通常都会在代码中写入注释用以说明代码。注释是给人看的,所以计算机会忽略(注意,空行也会被忽略),用中文记录思路也没关系。强烈建议养成写注释的好习惯。

(1)(#)会把所在行的其后的所有内容设定为注释,如

```
#注释样例
#这是一个每天买平安银行的策略
#初始化
def initialize(context):
    run_daily(period,time='every_bar')
    #设定要买入的股票是平安银行
    g.security = '000001.XSHE'
#周期循环
def period(context):
    #买入 100 股平安银行
    order(g.security, 100)
```

(2)三个单引号(''')或三个双引号(""")会把之间的内容设定为注释,以三引号为例,如

```
'''
注释样例
这是一个每天买平安银行的策略
是我写的:)
'''
'''初始化'''
```

```
def initialize(context):
    run_daily(period,time='every_bar')
    g.security = '000001.XSHE'
"'周期循环'"
def period(context):
    "'买入 100 股平安银行'"
    order(g.security, 100)
```

4. 行与缩进

代码缩进的时候要对齐,缩进方法是四个空格或一个 Tab 键(推荐用 Tab 键),不要混着用。比如,上面例子中周期循环部分除第一句都是要缩进的。

缩进的含义是这样的,有些语句是要包含其他连续若干条语句才成立的,这些语句通过缩进表示这种被包含的关系。如

```
# initialize 这条语句包含了其下的两条语句
def initialize(context):
    # 这两条语句是要被其上的 initialize 包含的,要缩进
    run_daily(period,time='every_bar')
    g.security = '000001.XSHE'
```

5. 一条语句写在多行

有时一条语句可能会很长,为了便于阅读,会用斜杠(不是除号,是从左上到右下的)分隔后写在多行。例如,下面例子的第二行代码被斜杠分隔后写在两行。

```
def initialize(context):
    run_daily(period,\
    time='every_bar')
    g.security = '000001.XSHE'
```

3.2 基本数据结构

在 Python 中有多种内建的数据结构,我们经常遇到的有列表、字典、集合、元组和字符串,第三方库 Pandas 还提供 DataFrame 和 Series。

Python 内嵌的数据类型主要包括以下两类:

(1)有序。

①List(列表),是有序集合,没有固定大小,可以通过对偏移量以及其他方法修改列表大小。列表的基本形式如[1,2,3,4]。

②Tuple(元组),是有序集合,是不可变的,进行组合和复制运算后会生成一个新的元组。元组的基本形式如(1,3,6,10)。

③String(字符串),是有序集合。字符串的基本形式如'hello'。

(2)无序。

①Set(集合),是一个无序不重复元素的集,基本功能包括关系运算和消除重复元素。集

合的基本形式如 set('abracadabra')。

②Dictionary(字典),是无序的键:值对(key:value 对)集合,键必须是互不相同的(在同一个字典之内)。字典的基本形式如{'jack':4098,'sape':4139}。

3.2.1 列表(List)

1. 列表的概念

List(列表)是 Python 中最通用的序列,是一个有序的对象的集合。在列表中,值可以是任何数据类型,称为元素(element)或项(item)。元素可以随时添加和删除。集合中,元素用[ ]括起来,元素之间用逗号分开,每一个对象都有一个索引值。

列表数据类型能方便我们操作一组数据,比如一组股价、一组股票名等。

2. 列表的主要操作

(1)建立列表方法:变量名=[数据或变量名,数据或变量名,……]

```
#定义列表 L
L = [1,2,3,4,5,6,7,8,9]
#使用 len()函数查看列表的长度
len(L)
#执行后结果如下:
9
```

(2)选取 list 中的某个元素的方法:list 类型的变量[位置(或称下标或索引)]。索引从 0 开始,可以用负数代表倒数第几。

```
#索引是从 0 开始而非 1 开始,为了查看结果可用 print 打印
print L[0]
#负数表示从后数第几个元素,-1 即为列表的最后一个元素
print L[-1]
#执行后结果如下:
1
9
```

(3)选取 list 中的一段的方法:list 类型的变量[起点索引:终点索引]。起点索引省略,则默认为 0;终点索引省略,则默认为最后的索引,注意此时的结果仍是一个 list。

```
c=[1,2,3,4]

print(c[2:3])
print(c[:-1])
print(c[3:])
print(c[:])

#执行后结果如下:
[3]
```

```
[1, 2, 3]
[4]
[1, 2, 3, 4]
```

Python 的列表数据类型包含更多的方法。

(4) list.count(x):返回 x 在列表中出现的次数。

```
#统计 a 中元素出现的次数
a = [1, 2, 3, 3, 1234.5]
print 'a 中 1 出现的次数:', a.count(1)
print 'a 中 3 出现的次数:', a.count(3)
print 'a 中 x 出现的次数:', a.count('x')
#执行后结果如下:
a 中 1 出现的次数:1
a 中 3 出现的次数:2
a 中 x 出现的次数:0
```

(5) list.append(x):把一个元素添加到列表的结尾。

```
#在 a 的尾部添加元素
a.append(555)
a
#执行后结果如下:
[1, 2, 3, 3, 1234.5, 555]
```

(6) list.extend(L):将一个给定列表中的所有元素都添加到另一个列表中。

```
#将[7,8,9]于 a 进行拼接
a.extend([7,8,9])
a
#执行后结果如下:
[1, 2, 3, 3, 1234.5, 555, 7, 8, 9]
```

(7) list.insert(i,x):在指定位置插入一个元素。第一个参数是准备插入到其前面的那个元素的索引,例如 a.insert($0,x$) 会插入到整个列表之前,而 a.insert(len(a),x) 相当于 a.append(x)。

```
#在 a 中第三个位置插入-1
a.insert(2,-1)
a
#执行后结果如下:
[1, 2, -1, 3, 3, 1234.5, 555, 7, 8, 9]
```

(8) list.reverse():就地倒排列表中的元素。

```
#反向排列 a
a.reverse()
a
```

#执行后结果如下:
[9, 8, 7, 555, 1234.5, 3, 3, -1, 2, 1]

(9) list.sort(cmp=None, key=None, reverse=False):对列表中的元素进行排序。

#对 a 进行排序,默认为升序!
a.sort()
a
#执行后结果如下:
[-1, 1, 2, 3, 3, 7, 8, 9, 555, 1234.5]

#逆序排列 a
a.sort(reverse=True)
a
#执行后结果如下:
[1234.5, 555, 9, 8, 7, 3, 3, 2, 1, -1]

(10) list.remove(x):删除列表中值为 x 的第一个元素。如果没有这样的元素,就会返回一个错误。

#删除列表 a 中值为 3 的第一个元素
a.remove(3)
a
#执行后结果如下:
[1234.5, 555, 9, 8, 7, 3, 2, 1, -1]

(11) del list[i]:可以从列表中按给定的索引而不是值来删除一个子项。它不同于有返回值的 pop() 方法。语句 del 还可以从列表中删除切片或清空整个列表。

#删除 a 中索引为 0 的元素
del a[0]
a
#执行后结果如下:
[555, 9, 8, 7, 3, 2, 1, -1]

3.2.2 字典(Dictionary)

1. 字典的概念

字典可以存储任意被索引的无序的数据类型。字典中的索引为关键字,且必须是唯一的;字典中的键/值对是没有顺序的;字典中用一对大括号"{ }"组织数据。

(1)字典是无序、可变序列。

(2)定义字典时,每个元素的键和值用冒号分隔,元素之间用逗号分隔,所有的元素放在一对大括号"{}"中。

(3)字典中的键可以为任意不可变数据,比如整数、实数、复数、字符串、元组等。

(4)字典数据类型同样能方便我们操作一组数据,与 list 不同的是,我们可以为这组数据自定义地建立索引。

2. 创建字典

(1)建立方法:变量名＝﹛索引名:数据,索引名:数据,……﹜,其中字典中的索引也叫键(key),数据也叫值(value)。字典可定义为:d＝﹛key1：value1,key2：value2,……﹜。注意,字典中的键/值对用冒号分割,而各个对用逗号分隔。

```
a=｛'平安银行':'000001.XSHE','浦发银行':'600000.XSHG'｝
b=｛'开盘价':10.0,'收盘价':11.0,'涨跌幅':0.10｝
```

(2)选取 dict 中的某个 key 的值方法:dict 类型的变量[key]。

```
a=｛'平安银行':'000001.XSHE','浦发银行':'600000.XSHG'｝
#为了看到结果,我们用 print 打印
print(a['平安银行'])
#执行后结果如下:
000001.XSHE
```

(3)选取 dict 中的所有 key 的方法:dict 类型变量.keys();选取 dict 中的所有 value 的方法:dict 类型变量.values(),注意返回的结果是 list 类型。

```
a=｛'平安银行':'000001.XSHE','浦发银行':'600000.XSHG'｝
b=a.keys()
c=a.values()

#为了看到结果,我们用 print 打印
print("a.keys()=%s" % (a.keys()))
print("b=%s" % (b))
print("c=%s" % (c))
print(a['平安银行'])
#执行后结果如下:
a.keys()=dict_keys(['平安银行','浦发银行'])
b=dict_keys(['平安银行','浦发银行'])
c=dict_values(['000001.XSHE','600000.XSHG'])
'000001.XSHE'
```

3. 常见字典操作方法

(1)clear():删除字典内所有元素。

(2)copy():返回一个字典的复制。

(3)fromkeys(seq,val):创建一个新字典,以序列 seq 中元素做字典的键,val 为字典所有键对应的初始值。

(4)get(key,default=None):返回指定键的值,如果值不在字典中返回 default 值。

(5)has_key(key):如果键在字典 dict 里返回 true,否则返回 false。

(6)items():以列表返回可遍历的(键,值) 元组数组。

(7)keys():以列表返回一个字典所有的键。

(8)setdefault(key,default=None):和 get()类似,但如果键不存在于字典中,将会添加

键并将值设为 default。

(9) update(dict2):把字典 dict2 的键/值对更新到 dict 里。

(10) values():以列表返回字典中的所有值。

(11) pop(key):删除一个键并返回它的值,类似于列表的 pop,只不过删除的是一个键而不是一个可选的位置。

(12) del D[key]:删除键。

(13) D[key] = value:新增或修改键。

3.2.3 元组(Tuple)

1. 元组的概念

元组是 Python 的内置不可变序列,一旦初始化就不能修改。因此,不可以为元组增加或删除元素。集合中元素用一对圆括号( )括起来,元素之间用逗号分开。元组一般用于描述内容和个数不变的信息,如坐标等。

2. 元组的主要操作

(1) 元组的创建方法:元组名=(数据或变量名,数据或变量名,……)。元组创建很简单,只需要在括号中添加元素,并使用逗号隔开即可。如

```
tup1 = ('physics', 'English', '12', '34')
tup2 = (5, 4, 3, 2, 1)
#创建一个空元组
tup3 = ()
#元组中只包含一个元素时,需要在元素后面添加逗号。
tup4 = (100,)
```

特别注意的是,使用 del 可以删除元组对象,但不能删除元组中的元素。

(2) 元组的引用方法:元组名[索引值]。例如,tup1[1]的值为'English'。

说明:元组与列表类似,下标索引从 0 开始。

(3) 元组的片段截取的方法:元组名[起点索引:终点索引]。起点索引省略则默认为 0,终点索引省略则默认为最后的索引,结果仍是一个 Tuple。例如 tup1[0:2],输出为('physics','English')。

3. 列表与元组的区别

(1) 元组一旦定义,就不允许更改。

(2) 元组没有 append()、extend()和 insert()等方法,无法向元组中添加元素。

(3) 元组没有 remove()或 pop()方法,也无法对元组元素进行 del 操作,不能从元组中删除元素。

(4) 从效果上看,tuple()冻结列表并使其不可变,而 list()融化元组并使其可变。

3.2.4 集合(Set)

1. 集合的概念

集合是无序、可变序列,使用一对大括号界定,元素不可重复,同一个集合中每个元素都是

唯一的。

集合中只能包含数字、字符串、元组等不可变类型的数据,而不能包含列表、字典、集合等可变类型的数据。

2. 集合的主要操作

(1)集合创建的方法:集合名={数据,数据,……},在操作中,可直接将集合赋值给一个集合变量。如

```
set1 = {1, 2, 3}
#向集合中添加元素
set1.add(4)
set1
#执行后结果如下:
{1, 2, 3, 4}
```

同时,也可使用 set 将其他类型数据转换为集合。如

```
set2 = set(range(1,7))
#如果数据中存在重复元素,则在转换为集合时自动去除重复
set3 = set([0, 1, 2, 3, 0, 1, 2, 3, 7, 8])
#创建空集合
set4 = set()
set2
set3
set4


#执行后结果如下:
{1, 2, 3, 4, 5, 6}
{0, 1, 2, 3, 7, 8}
set()
```

(2)集合删除的方法:采用 del()方法可删除整个集合,采用 pop()方法弹出并删除其中一个元素,采用 remove()方法直接删除指定元素,采用 clear()方法清空集合。如

```
set1 = {1, 2, 3, 4}
#随机删除其中一个元素,并返回值
set1.pop()
set1.remove(3)
set2.clear()
set1
set2
#执行后结果如下:
1
{2, 4}
set()
```

3.2.5 字符串(String)

1. 字符串的概念

字符串可以理解为文本或文字,不能像数字那样进行数学运算,有其特别的操作,比如股票代码、股票名称等一般都是字符串。

字符串是不可变序列类型,Python 可使用单引号(')、双引号(")、三引号('''或""")来表示字符串,引号的开始与结束必须是相同类型。由于字符串属于不可变序列,因此不能进行元素的增加、修改与删除等操作。

将一个短字符串赋值给多个不同的对象时,内存中只有一个空间。如

```
>>> str1=str2='经济金融学院'      #引用同一内存空间
>>> print(id(str1),id(str2),sep=',')
2208258025376,2208258025376
>>> str2='经济或国贸专业'
>>> id(str2)
2208257845168
>>> 地址='西安'                #使用中文作为变量名
>>> len(地址)
2
>>> 地址='西安 ABC'            #中英文字符都算一个字符
>>> len(地址)
5
```

2. 字符串的主要操作

(1) find()、rfind()函数:find()方法用来查找一个字符串在另一个字符串指定范围(默认是整个字符串)中首次出现的位置,如果不存在则返回-1。rfind()方法用来查找一个字符串在另一个字符串指定范围(默认是整个字符串)中最后一次出现的位置,如果不存在则返回-1。

```
>>> str = "physic, English, mathematics, physic"
>>> print(str.find('physic'),str.rfind('physic'))
0 30
```

(2) index()、rindex()函数:index()方法和 rindex()方法分别用来返回一个字符串在另一个字符串指定范围中首次和最后一次出现的位置,如果不存在则抛出异常。

```
>>> str.index('y')
2
>>> str.index('ppp')
ValueError: substring not found
```

(3) count()函数:count()方法用来返回一个字符串在当前字符串中出现的次数。

```
>>> str.count('y')
2
```

(4)split()、rsplit() 函数:split()方法和 rsplit()方法分别用来以指定字符为分隔符,把当前字符串从左往右或从右往左分隔成多个字符串,并返回包含分隔结果的列表。

```
#使用逗号分隔,获得一个列表
>>>list1 = str.split(",")
>>>list1
['physic','English','mathematics','physic']
```

(5)join()函数:用于字符串连接。

```
>>>'.'.join(list1)
'physic.English.mathematics.physic'
>>>';;'.join(list1)
'physic;;English;;mathematics;;physic'
```

3. 常见字符串操作方法

(1)lower()函数:返回小写字符串。

(2)upper()函数:返回大写字符串。

(3)capitalize()函数:字符串首字符大写。

(4)title()函数:每个单词的首字母大写。

(5)swapcase()函数:大小写互换。

(6)replace()函数:查找替换,类似于 Word 中的"全部替换"功能。

(7)strip()、rstrip()、lstrip()函数:删除两端、右端或左端的空白符或连续的指定字符。

3.3 选择与循环

结构化程序设计方法是自顶向下,逐步求精,且具有模块化的特点,即把一个复杂的大问题分解为若干相对独立的小问题,再对每个小问题编写出一个功能上相对独立的程序块(模块),最后将各程序块进行组装,使之成为一个完整的程序。结构化程序是面向对象程序设计的基础。结构化程序设计的基本结构有 3 种控制结构:顺序结构、选择结构和循环结构。本节将介绍选择结构和循环结构。

3.3.1 选择结构

选择结构所解决的问题称为判断问题,在不同的条件下可进行不同的操作。选择语句的作用是根据给定的条件判定在可能的路径中选择执行哪一条操作,如图 3-2 所示。

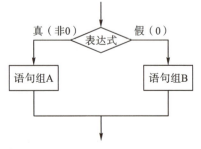

图 3-2 选择结构的流程图

在 Python 语言中,用不同形式的 if～else 语句可以实现不同的分支控制结构。

1. 单分支结构

单分支结构也称为非对称分支结构或非平衡分支结构,通常用不含 else 子句的 if 语句可以实现这种单分支结构。其语法如下所示:

    if 条件表达式:
        语句块1

如果条件表达式中值为真,则执行用语句块1,否则跳过该语句组执行下一个语句。单分支结构的流程如图 3-3 所示。

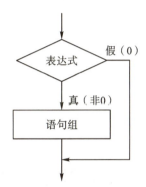

图 3-3　单分支结构的流程图

例如,求一元二次方程的根(考虑 deta 的值),代码如下所示

```
import math
a = eval(input('a='))
b = eval(input('b='))
c = eval(input('c='))
d = b * b - 4 * a * c                    #假设 deta 的值>=0
if d>=0:
    x1=(-b+math.sqrt(d))/(2*a)
    x2=(-b-math.sqrt(d))/(2*a)
    print('x1=',x1)
print('x2=',x2)
```

2. 双分支结构

双分支结构也称为对称分支结构或平衡分支结构,通常用 if～else 语句可以实现这种对称(二选一)分支结构。其语句的一般形式如下:

    if 条件表达式:
        语句块1
    else:
        语句块2

如果条件表达式值为真,则执行语句块1,否则执行语句块2。在程序中,else 必须与 if 配对,不能单独出现。双分支结构的流程如图 3-4 所示。

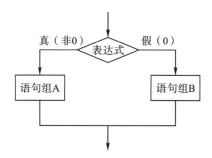

图 3-4 双分支结构的流程图

3. 多分支结构

通常用 if~elif~else 语句可以实现多分支(多选一)结构。其语句的一般形式如下：

```
if 表达式 1：
    语句组 1
elif 表达式 2：
    语句组 2
…
elif 表达式 m：
    语句组 m
else：
    语句组 n
```

其中，各表达式将被依次求值，一旦某个表达式结果为真，则执行与之相关的语句组，并终止整个语句序列的执行。多分支结构的流程如图 3-5 所示。

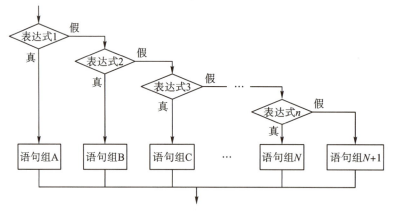

图 3-5 多分支结构的流程图

注意，条件表达式中不允许使用赋值运算符"＝"。

例如，利用多分支选择结构将成绩从百分制变换到等级制。

```
def func(score):
    if score > 100:
        return 'wrong score. must <= 100.'
    elif score >= 90:
        return 'A'
    elif score >= 80:
        return 'B'
    elif score >= 70:
        return 'C'
    elif score >= 60:
        return 'D'
    elif score >= 0:
        return 'E'
    else:
        return 'wrong score. must >0'
```

3.3.2 循环结构

1. 构成循环结构的三大要素

(1) 循环体:反复执行的程序段(块)。

(2) 循环条件:循环条件表达式。

(3) 循环控制:使循环趋向于结束。

2. 循环结构的流程

循环结构的流程如图 3-6 所示。

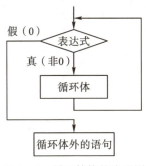

图 3-6 循环结构的流程图

3. 两种基本的循环结构——while 循环和 for 循环

Python 提供了两种基本的循环结构,即 while 循环和 for 循环。

1) while 循环

while 循环的语法如下

```
while 表达式：
    循环体语句
```

对 while 循环说明如下：

(1)循环体如果包含一个以上的语句,必须注意缩进的一致性。

(2)在循环体中,必须有使循环条件趋向于不满足(假)的语句。

(3)先判断表达式,后执行语句。

举例：求 1＋2＋3＋…＋100,其代码如下

```
i=1
sum=0
while i<=100：
    sum+=i
    i+=1
print(sum)
#执行结果为：
5050
```

2)for 循环

for 循环的语法如下：

```
for 变量 in 序列
    循环体语句
```

对 for 循环说明如下：

(1)for 后的"变量"首先被关联到序列类型对象"序列"中的第一个值。

(2)for 中的序列对象最常用的方法是用 Python 的内置函数 range,该函数返回一个从第一个参数,到最后一个参数的整数序列。

```
sum=0
for i in range(1,101)：
    sum+=i
print(sum)
#执行结果为：
5050
```

3)break 和 continue 语句

break 语句在 while 循环和 for 循环中都可以使用,一般放在 if 选择结构中,一旦 break 语句被执行,将使得整个循环提前结束。

continue 语句的作用是终止当前循环,并忽略 continue 之后的语句,然后回到循环的顶端,提前进入下一次循环。

3.4 函数

函数是组织好的,可重复使用的,用来实现单一或相关联功能的代码段。函数能提高应用的模块性和代码的重复利用率。

3.4.1 函数的定义与调用

在 Python 中,定义函数的语法如下:

```
def 函数名([参数列表]):
    "注释"
    函数体
```

在 Python 中使用 def 关键字来定义函数,然后是一个空格和函数名称,接下来是一对圆括号,在圆括号内是形式参数列表,如果有多个参数则使用逗号分隔开,圆括号之后是一个冒号,接着换行,最后是必要的注释和函数体代码。

```
def my_abs(x):
    if x >= 0:
        return x
    else:
        return -x
```

我们以自定义一个求绝对值的 my_abs 函数为例,如

```
my_abs(-100)
#执行结果为:
100
```

测试并调用 my_abs,看看返回结果是否正确。

注意,函数体内部的语句在执行时,一旦执行到 return 时,直接结束函数的执行,并将结果返回。因此,函数内部通过条件判断和循环可以实现非常复杂的逻辑。

如果函数没有 return 语句或者执行了不返回任何值的 return 语句,函数执行完毕后也会返回结果,只是结果为 None,即返回空值。

3.4.2 函数的参数

定义函数的时候,我们把参数的名字和位置确定下来,函数的接口定义就完成了。对于函数的调用者来说,只需要知道如何传递正确的参数,以及函数将返回什么样的值就够了,函数内部的复杂逻辑被封装起来,调用者无须了解。

Python 的函数定义非常简单,但灵活度却非常大。除了正常定义的必选参数外,还可以使用默认值参数、可变长度参数和关键字参数,使得函数定义出来的接口,不仅能处理复杂的参数,还可以简化调用者的代码。

1. 位置参数

位置参数是比较常用的形式,调用带有位置参数的函数时,实参和形参的顺序必须严格一致,并且实参和形参的数量必须相同。

```
def demo(a, b, c):
    print(a, b, c)
demo(3, 4, 5)        #按位置传递参数
3 4 5
```

```
demo(3, 5, 4)
3 5 4
demo(1, 2, 3, 4)        # 实参与形参数量必须相同
# 执行结果为:
TypeError: demo() takes 3 positional arguments but 4 were given
```
如果实参与形参的数量不相同,则导致 demo 函数无法正常调用。

2. 默认值参数

在定义函数时,有些参数可以存在默认值,语法如下

```
def 函数名(……,形参名=默认值):
    函数体
```

调用带有默认值参数的函数时,可以不对默认值参数进行赋值,也可以为其赋值,具有很大的灵活性。

```
def say(message, times=1):
    print(message * times)
say('hello')
# 执行结果为:
Hello
say('hello', 3)
# 执行结果为:
hello hello hello
say('hello', 6)
# 执行结果为:
hello hello hello hello hello hello
```

注意,默认值参数必须出现在函数参数列表的最右端,任何一个默认值参数右边不能有非默认值参数。

3. 关键字参数

通过关键字参数,可以按参数名字传递值,明确指定哪个值传递给哪个参数,且实参顺序可以和形参顺序不一致,但不影响参数值的传递结果。

```
def demo(a, b, c=5):
    print(a, b, c)
demo(a=7, b=3, c=6)
demo(c=8, a=9, b=0)
# 执行结果为:
7 3 6
9 0 8
```

4. 可变长度参数

在函数定义时,可以设计可变数量参数,通过参数前增加星号(*)实现。可变长度参数有两种形式:在参数名前加1个*或2个**。

（1）*parameter 用来接受多个实参并将其放在一个元组中。

```
def demo(*p):
    print(p)


demo(1,2,3)
demo(1,2,3,4,5)
#执行结果为：
(1, 2, 3)
(1, 2, 3,4,5)
```

（2）**parameter 用来接受多个关键参数并将其存放到字典中。

```
def person(name, age, **kw):
    print 'name:', name, 'age:', age, 'other:',kw
demo(x=1,y=2,z=3)
```

函数 person 除了必选参数 name 和 age 外，还接受关键字参数 kw。在调用该函数时，可以只传入必选参数。

```
person('Michael', 30)
person('Adam', 45, gender='M', job='Engineer')
#执行结果为：
name: Michael age: 30 other: {}
name: Adam age: 45 other: {'gender': 'M', 'job': 'Engineer'}
```

可变长度参数可以扩展函数的功能。比如，在 person 函数里，我们保证能接收到 name 和 age 这两个参数，但是，如果调用者愿意提供更多的参数，我们也能接收到。试想你正在做一个用户注册的功能，除了用户名和年龄是必填项外，其他都是可选项，利用关键字参数来定义这个函数就能满足注册的需求。

第 4 章　Python 量化工具

4.1　科学计算 NumPy

4.1.1　NumPy 简介

量化分析的工作涉及大量的数值运算,一个高效方便的科学计算工具是必不可少的。Python 语言一开始并不是设计为科学计算使用的语言,随着越来越多的人发现 Python 的易用性,逐渐出现了关于 Python 的大量外部扩展,NumPy(Numeric Python)就是其中之一。NumPy 提供了大量的数值编程工具,可以方便地处理向量、矩阵等运算,极大地便利了人们在科学计算方面的工作。另外,Python 是免费的,相比于花费高额的费用使用 Matlab,NumPy 的出现使 Python 得到了更多人的青睐。

NumPy 安装后才能使用,可在命令提示符环境中使用 pip 工具安装 NumPy,执行下面的命令:

```
pip install numpy
```

即可自动完成 NumPy 的安装。当然,应保证计算机处于联网状态。

另外,也可以使用下面方式来导入 NumPy 模块:

```
>>> import numpy as np
>>> np.version.full_version
'1.18.2'
```

我们使用"import"命令导入了 NumPy,并在 import 扩展模块时添加模块在程序中的别名,这样调用时就不必写成全名了。同时,可使用 np.version.full_version 查出使用的 NumPy 版本为 1.18.2。

4.1.2　NumPy 对象:数组

NumPy 中的基本对象是同类型的多维数组,如字符型和数值型就不能共存于同一个数组中。

1. 创建数组

创建数组是进行数组计算的先决条件,可以通过 array() 函数定义数组实例对象,其参数为 Python 的序列对象。例如,数组创建可通过转换列表实现,高维数组可通过转换嵌套列表实现。下面这条语句定义了一个一维数组 a 和一个二维数组 b,a 的大小为(1,15),即有 1 行 15 列,b 的大小为(2,5),即有 2 行 5 列。

```
>>> a = np.array([0, 1, 2, 3, 4, 5, 6, 7, 8, 9, 10, 11, 12, 13, 14])
>>> a
array([0, 1, 2, 3, 4, 5, 6, 7, 8, 9, 10, 11, 12, 13, 14])
>>> b = np.array([[1, 2, 3, 4, 5], [6, 7, 8, 9, 10]])
>>> b
array([[ 1,  2,  3,  4,  5],
       [ 6,  7,  8,  9, 10]])
```

同时,可通过 reshape() 函数重新构造数组 a。例如,我们可以构造一个 3×5 的二维数组,其中"reshape"的参数表示各维度的大小。

```
>>> a = a.reshape(3, 5)
>>> print(a)
[[ 0  1  2  3  4]
 [ 5  6  7  8  9]
 [10 11 12 13 14]]
```

另外,还可以调用 array() 函数进一步查看 a 的相关属性。例如,"ndim"查看维度,"shape"查看各维度的大小,"size"查看全部的元素个数,等于各维度大小的乘积。

```
>>> a.ndim           #查看行数
2
>>> a.shape          #查看数组的维数,返回(n,m),其中 n 为行数,m 为列数。
(3, 5)
>>> a.size
15
>>> a.dtype          #查看元素的类型,比如 numpy.int32、numpy.float64
dtype('int32')
```

2. 序列数组

创建数组时,可通过 arange() 函数生成一个一维数组,它与 Python 的内置函数 range() 相似,但它属于 NumPy 库,其参数依次为开始值、结束值、步长。例如,下面语句定义了一维数组 a,从 0 开始,步长为 1,长度为 15。注意,Python 中的计数是从 0 开始的。

```
>>> a = np.arange(20)
>>> print(a)
[ 0  1  2  3  4  5  6  7  8  9 10 11 12 13 14]
```

另外,还可以使用 linspace() 函数创建等差序列数组,其参数依次为开始值、结束值、元素数量。

```
>>> c = np.linspace(0, 5, 10)
>>> c
array([0.        , 0.55555556, 1.11111111, 1.66666667, 2.22222222,
       2.77777778, 3.33333333, 3.88888889, 4.44444444, 5.        ])
```

3. 数组元素访问

数组的每个元素、每行元素、每列元素都可以用索引访问,其操作与列表基本相同。

```
>>>x = np.array([[1,3,5],[2,4,8],[3,6,9]])
>>>x
array([[1, 3, 5],
       [2, 4, 8],
       [3, 6, 9]])
>>>x[0]                    # 取 x 的第一行元素
array([1, 3, 5])
>>> x[:,1]                 # 取 x 的第二列元素
array([3, 4, 6])
>>> x[1,2]                 # 取 x 的第二行的第三个元素
8
```

4. 数组运算

数组支持大多数算数运算和关系运算,还可求出数组中的最大值、最小值或所有数组元素之和。

```
>>> a = np.array([2,4,8])
>>> b = np.array([3,6,9])
>>> a + b       # 加法运算
array([ 5, 10, 17])
>>> a - b       # 减法运算
array([-1, -2, -1])
>>> a * b       # 乘法运算
array([ 6, 24, 72])
>>> a ** 2      # 乘方运算:a 的 2 次方
array([ 4, 16, 64],dtype=int32)
>>> a/b         # 除法运算
array([0.66666667, 0.66666667, 0.88888889])
>>> a >= 3      # 判断大小,返回 bool 值
array([False, True, True])
>>> a.max()     # a 中最大的元素
8
>>> a.min()     # a 中最小的元素
2
>>> a.sum()     # a 的和
14
```

4.1.3 NumPy 对象:矩阵

1. 创建矩阵

科学计算中大量使用矩阵运算,除了数组,NumPy 同时提供了矩阵对象(matrix)。矩阵

对象和数组主要有两点差别:一是矩阵是二维的,而数组可以是任意正整数维;二是矩阵的'*'操作符进行的是矩阵乘法,乘号左侧的矩阵列和乘号右侧的矩阵行要相等,而数组中'*'操作符进行的是每一元素的对应相乘,乘号两侧的数组每一维大小需要一致。数组可以通过 asmatrix 转换为矩阵,或者使用 matrix 函数直接创建。

```
>>> a1 = np.arange(15).reshape(3,5)
>>> a2 = np.asmatrix(a)              #数组 a1 转换为矩阵 a2
>>> a1
array([[ 0,  1,  2,  3,  4],
       [ 5,  6,  7,  8,  9],
       [10, 11, 12, 13, 14]])
>>> a2
matrix([[ 0,  1,  2,  3,  4],
        [ 5,  6,  7,  8,  9],
        [10, 11, 12, 13, 14],
        [15, 16, 17, 18, 19]])
>>> b = np.matrix([[1,2,3,4,5],[6,7,8,9,10]])    #把列表转换成矩阵,
矩阵大小为(2,5),2 行 5 列
>>> b
matrix([[ 1,  2,  3,  4,  5],
        [ 6,  7,  8,  9, 10]])
```

2. 矩阵运算

矩阵的常用数学运算有转置、乘法、求逆等。下面的代码演示了矩阵的基本运算。

```
>>> c = b.T              #转置
>>> c
matrix([[ 1,  6],
        [ 2,  7],
        [ 3,  8],
        [ 4,  9],
        [ 5, 10]])

>>> b * c                #矩阵乘法
matrix([[ 55, 130],
        [130, 330]])

>>> b.I                  #逆矩阵
matrix([[-0.36,  0.16],
        [-0.2 ,  0.1 ],
        [-0.04,  0.04],
        [ 0.12, -0.02],
        [ 0.28, -0.08]])
```

4.2 数据分析 Pandas

4.2.1 Pandas 简介

Pandas 是基于 NumPy 的一种工具,该工具是为了解决数据分析任务而创建的。Pandas 纳入了大量库和一些标准的数据模型,提供了高效地操作大型数据集所需的工具。同时,Pandas提供了大量能使我们快速便捷地处理数据的函数和方法。你很快就会发现,它是使 Python成为强大而高效的数据分析语言的重要因素之一。

在处理实际的金融数据时,一条数据通常包含了多种类型的数据,例如,股票的代码是字符串,收盘价是浮点型,而成交量是整型等。在 Python 中,Pandas 包含了高级的数据结构 Series、DataFrame 和 Panel,使得在 Python 中处理数据变得非常方便、快速和简单。

(1)Series:一维数组,与 Numpy 中的一维 Array 类似。二者与 Python 基本的数据结构 List 也很相近,其区别是:List 中的元素可以是不同的数据类型,而 Array 和 Series 中只允许存储相同的数据类型,这样可以更有效地使用内存,提高运算效率。

(2)DataFrame:二维的表格型数据结构,可以将 DataFrame 理解为 Series 的容器。

(3)Panel:三维的数组,可以将 Panel 理解为 DataFrame 的容器。

Pandas 不同版本之间存在一些不兼容性,为此,我们需要清楚使用的是哪一个版本的 Pandas。现在我们就查看一下量化实验室的 Pandas 版本。

Pandas 安装后才能使用,可在命令提示符环境中使用 pip 工具安装 Pandas,执行下面的命令:

```
pip install pandas
```

即可自动完成 Pandas 的安装。

另外,也可以使用下面方式来导入 Pandas 模块:

```
>>> import pandas as pd
>>> pd.__version__
'0.25.1'
```

我们使用"import"命令导入了 Pandas,并在 import 扩展模块时添加模块在程序中的别名,这样调用时就不必写成全名了。同时,可使用 pd._version_查出使用的 Pandas 版本为 0.25.1。

4.2.2 Pandas 数据结构:Series

Series 可被认为是一维的数组。Series 和一维数组最主要的区别在于 Series 类型具有索引。创建一个 Series 的基本格式是 s = Series(data, index=index, name=name)。由一组数据即可产生最简单的 Series,可以通过传递一个 list 对象来创建一个 Series。其中,一个可选项是 index,并可使用 Series.index 查看具体的 index。需要注意的是,当从数组创建 Series 时,若指定 index,那么 index 长度要和 data 的长度一致。另一个可选项是 name,可指定Series 的名称,可用 Series.name 访问。以下代码给出了创建 Series 的例子。

```
>>> importnumpy as np
>>> s = pd.Series([1, 5, 9, np.nan, 6], index=['1', '2', '3', '4', '5'], name='my_series')
>>> s
1    1.0
2    5.0
3    9.0
4    NaN
5    6.0
Name: my_series, dtype: float64
>>> s.index
Index(['1', '2', '3', '4', '5'], dtype='object')
>>> s.name
'my_series'
```

4.2.3 Pandas 数据结构:DataFrame

DataFrame 是一个表格型的数据结构,它含有一组有序的列,每一列的数据结构都是相同的,而不同的列之间可以是不同的数据结构(数值、字符、布尔值等);或者以数据库进行类比,DataFrame 中的每一行是一个记录,是名称为 Index 的一个元素,而每一列则为一个字段,是这个记录的一个属性。DataFrame 既有行索引也有列索引,可以被看作由 Series 组成的字典(共用同一个索引)。

(1)创建一个 DataFrame,包括一个 numpy array、时间索引和列名字。示例代码如下

```
>>>import pandas as pd
>>>dates = pd.date_range('20210101', periods=6)
>>>dates
DatetimeIndex(['2021-01-01', '2021-01-02', '2021-01-03', '2021-01-04',
 '2021-01-05', '2021-01-06'], dtype='datetime64[ns]', freq='D')
>>>df = pd.DataFrame(np.random.randn(6,4), index = dates, columns = ["open", "high", "low", "close"])
>>>df
              open       high       low        close
2021-01-01  -1.033279  -0.358645  -0.422460  -0.202608
2021-01-02  -0.669390   1.057875   1.199338   0.691882
2021-01-03  -0.232458  -0.106540   0.212719   2.002629
2021-01-04  -0.861391  -0.018740   1.237137   0.859034
2021-01-05  -0.014240  -0.172762  -0.782953  -0.452045
2021-01-06   0.598723   0.090741   0.654108  -0.313669
```

(2)查看数据。示例代码如下

```
>>> df.head(n=3)                    # 查看前三行数据
              open        high        low         close
2021-01-01   -1.033279   -0.358645   -0.422460   -0.202608
2021-01-02   -0.669390    1.057875    1.199338    0.691882
2021-01-03   -0.232458   -0.106540    0.212719    2.002629

>>> df.tail(n=2)                    # 查看后两行数据
              open        high        low         close
2021-01-05   -0.014240   -0.172762   -0.782953   -0.452045
2021-01-06    0.598723    0.090741    0.654108   -0.313669

>>> df.index                        # 查看 DataFrame 的索引
DatetimeIndex(['2021-01-01', '2021-01-02', '2021-01-03', '2021-01-04',
               '2021-01-05', '2021-01-06'], dtype='datetime64[ns]', freq='D')

>>> df.columns                      # 查看 DataFrame 的列名
Index(['open', 'high', 'low', 'close'], dtype='object')

>>> df.values                       # 查看 DataFrame 的值
array([[-1.03327886, -0.358645  , -0.42246025, -0.20260808],
       [-0.66939006,  1.05787451,  1.19933778,  0.69188199],
       [-0.23245784, -0.10653978,  0.21271897,  2.00262938],
       [-0.86139135, -0.01873956,  1.23713702,  0.85903415],
       [-0.01423962, -0.17276244, -0.78295266, -0.45204534],
       [ 0.59872338,  0.09074094,  0.65410848, -0.31366892]])

>>> df.describe()                   # 对数据进行快速统计汇总
              open        high        low         close
count     6.000000    6.000000    6.000000    6.000000
mean     -0.368672    0.081988    0.349648    0.430871
std       0.609087    0.501433    0.836659    0.944145
min      -1.033279   -0.358645   -0.782953   -0.452045
25%      -0.813391   -0.156207   -0.263665   -0.285904
50%      -0.450924   -0.062640    0.433414    0.244637
75%      -0.068794    0.063371    1.063030    0.817246
max       0.598723    1.057875    1.237137    2.002629

>>> df.sort_values(by='close')      # 按 close 列对 DataFrame 进行排序
              open        high        low         close
2021-01-05   -0.014240   -0.172762   -0.782953   -0.452045
2021-01-06    0.598723    0.090741    0.654108   -0.313669
2021-01-01   -1.033279   -0.358645   -0.422460   -0.202608
2021-01-02   -0.669390    1.057875    1.199338    0.691882
2021-01-04   -0.861391   -0.018740    1.237137    0.859034
2021-01-03   -0.232458   -0.106540    0.212719    2.002629
```

(3)选择数据。

①可通过列标签选取一列数据:df['close'],df.close。这两个语句是等效的,返回 close 列的数据,并且返回的为一个 Series。示例代码如下

```
>>>df['close']
2021-01-01    -0.202608
2021-01-02     0.691882
2021-01-03     2.002629
2021-01-04     0.859034
2021-01-05    -0.452045
2021-01-06    -0.313669
Freq: D, Name: close, dtype: float64
```

或者按 index 选取。示例代码如下

```
>>>df['2021-01-03':'2021-01-05']
              open       high       low        close
2021-01-03   -0.232458  -0.106540   0.212719   2.002629
2021-01-04   -0.861391  -0.018740   1.237137   0.859034
2021-01-05   -0.014240  -0.172762  -0.782953  -0.452045
```

②使用 loc 函数根据标签选取数据:df.loc[行标签,列标签]。loc()函数的第一个参数是行标签,第二个参数是列标签。示例代码如下

```
>>>df.loc['2021-01-03','open']
0.232458
>>>df.loc['2021-01-03':'2021-01-05','close']
2021-01-03    2.002629
2021-01-04    0.859034
2021-01-05   -0.452045
Freq: D, Name: close, dtype: float64
```

③使用位置选取数据:df.iloc[行位置,列位置]。示例代码如下

```
>>>df.iloc[3:5, :]       # 选取第四行到第五行所有列的数据
              open       high       low        close
2021-01-04   -0.861391  -0.018740   1.237137   0.859034
2021-01-05   -0.014240  -0.172762  -0.782953  -0.452045
>>>df.iloc[:,1]          # 选取所有记录的第二列的值,返回的为一个 Series
2021-01-01    0.957414
2021-01-02    0.139466
2021-01-03   -0.232007
2021-01-04   -0.000040
2021-01-05   -0.017830
2021-01-06    0.745603
Freq: D, Name: open, dtype: float64
```

④通过逻辑条件进行数据切片：df[逻辑条件]。示例代码如下

```
>>>df[df.open > 0]         #筛选出 open 大于 0 的数据
              open       high        low       close
2021-01-01  0.957414   -0.608535  -0.264412   0.275118
2021-01-02  0.139466    0.055151  -0.727637   1.650342
2021-01-06  0.745603   -1.795022  -0.318203   0.336697
```

4.3 数据可视化 Matplotlib

4.3.1 Matplotlib 简介

Matplotlib 是最流行的用于绘制图表和其他二维数据可视化的 Python 库。它非常适合创建出版物上用的图表。虽然还有其他的 Python 可视化库，但 Matplotlib 却是使用最广泛的，可使用它作为默认的可视化工具。

金融数据可视化是数据分析中最重要的工作之一。它可能是探索过程的一部分，例如，帮助我们找出数据的异常值、数据的转换、模型的构建等。Python 有许多库进行静态或动态的数据可视化，在这里我们重点关注 Matplotlib(http://matplotlib.org/)和基于它的库。

在做金融投资分析时，价格是我们分析市场行情的基础，最直观展现价格整体情况的方式莫过于价格曲线。以股票这种金融商品来说，可以通过分析价格曲线来发现股价的趋势，这在中短期投资中往往是不可或缺的一环。接下来，我们以上证指数股票的股价为分析对象，运用 Matplotlib 库中的相关函数来绘制上证指数股票的收盘价曲线。在进行绘图之前，先运用 Pandas 包的函数 read_csv()读取数据。

```
>>> import pandas as pd
>>> SHIndex=pd.read_csv('000001.csv',index_col='date')
>>> SHIndex.head()         #获取数据框前五行
date       open    high   close   low    volume       ……
2020/1/2   16.65   16.95  16.87   16.55  1530231.88   ……
2020/1/3   16.94   17.31  17.18   16.92  1116194.75   ……
2020/1/6   17.01   17.34  17.07   16.91  862083.50    ……
2020/1/7   17.13   17.28  17.15   16.95  728607.50    ……
2020/1/8   17.00   17.05  16.66   16.63  847824.19    ……
>>> SHIndex.index=pd.to_datetime(SHIndex.index)       #pd.to_datetime()把
相应的日期列转换成日期数据
>>> close=SHIndex.close      #获取收盘价数据
>>> close.head()
date
2020-01-02   16.87
2020-01-03   17.18
2020-01-06   17.07
```

2020-01-07   17.15
2020-01-08   16.66
Name：close,dtype：float64

在进行绘图时,Matplotlib 库中的子包 pyplot 的相关函数经常被使用。在导入 pyplot 包的方式上,为了方便引用,我们一般会运用"import matplotlib.pyplot as plt"的方式进行导入,即用"plt"代指"matplotlib.pyplot"。导入 pyplot 包之后,调用其内部函数 plot()函数来绘制曲线。

```
>>> import matplotlib.pyplot as plt
>>> plt.plot(close)
```

如图 4-1 所示,由曲线可以看出上证指数收盘价在 2020 年 11 月以前,价格整体上下浮动不大,而在 2020 年 11 月和 12 月,价格几乎呈直线上涨。

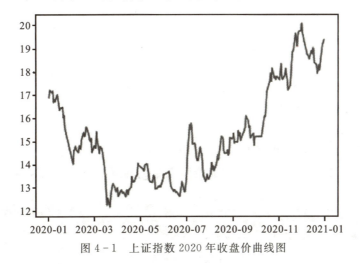

图 4-1　上证指数 2020 年收盘价曲线图

4.3.2　设置图像属性

1. Matplotlib 图标正常显示

在绘图时,有些时候中文和负号在图像中的显示会有问题,对于此问题,需要通过修改 Matplotlib 库中的相关绘图参数的取值来解决。在执行绘图代码之前,先执行下面的代码：

```
>>> plt.rcParams['font.sans-serif']=['simhei']    #用于正常显示中文"黑体"
>>> plt.rcParams['axes.unicode_minus']=False      #用于正常显示负号
```

rcParams 是 Matplotlib 库中 pyplot 包绘图的参数字典,需要更改 Matplotlib 包中 pyplot 包的参数字典 rcParams 的字体属性 font.sans-serif 的值,现将其取值设定为以黑体'simhei'为元素的数组形式。另外,负号属性'axes.unicode_minus'的默认取值(value)为 True,表示默认采用 unicode 的 minus 类型,但有些字体对其的兼容支持不够,导致负号无法正常显示,故将'axes.unicode_minus'的取值设为 False,则可以正常显示负号。

2. 添加标题

在图像中使用 title(设置标题)、xlabel 与 ylabel(设置坐标轴标签)、legend(设置图例)、

xlim 与 ylim(设置坐标轴数据范围)、grid(设置网格线)等命令来装饰图形,可以使得图像变得简单易懂。表 4-1 为 pyplot 包中添加各类标签的常用函数。

表 4-1 pyplot 设置图像属性的常用函数

函数名称	函数作用
title	在当前图形中添加标题,可以指定标题的名称、位置、颜色、字体大小等参数
xlabel	在当前图形中添加 x 轴名称,可以指定位置、颜色、字体大小等参数
ylabel	在当前图形中添加 y 轴名称,可以指定位置、颜色、字体大小等参数
xlim	指定当前图形 x 轴的范围,只能确定一个数值区间,无法使用字符串标识
ylim	指定当前图形 y 轴的范围,只能确定一个数值区间,无法使用字符串标识
xticks	指定 x 轴刻度的数目与取值
yticks	指定 y 轴刻度的数目与取值
legend	指定当前图形的图例,可以指定图例的大小、位置、标签
grid	设置绘图区网格线

若要添加标题,可以通过 pyplot 包中的 title()函数实现:

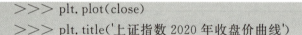

①label:str 类型数据;

②loc:设置标题的显示位置。

重新绘制上证指数收盘价曲线图,在曲线图上添加标题"上证指数 2020 年收盘价曲线",如图 4-2 所示。

>>> plt.plot(close)
>>> plt.title('上证指数 2020 年收盘价曲线')

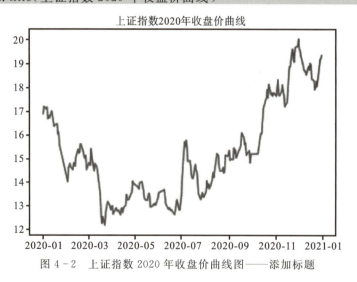

图 4-2 上证指数 2020 年收盘价曲线图——添加标题

3. 设置坐标轴标签

在图像中添加坐标轴标题,会直观显示坐标轴代表的数据变量。x 轴、y 轴的标签设定分别通过 xlabel()和 ylabel()函数来实现,这两个函数也位于 pyplot 包。例如,可为上证指数收盘价曲线图添加坐标轴标签,图形结果如图 4-3 所示。

```
>>> plt.plot(close)
>>> plt.title('上证指数 2020 年收盘价曲线')
>>> plt.xlabel('日期')
>>> plt.ylabel('收盘价')
```

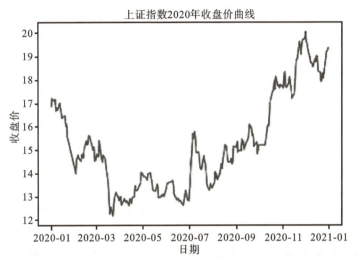

图 4-3　上证指数 2020 年收盘价曲线图——添加坐标轴标题

4. 设置图形背景 grid

绘图时,常常会在图形背景中增添方格,以便于人们更直观地读取线条中点的坐标取值以及线条整体的分布范围。在 Matplotlib 包中,pyplot 包内的 grid()函数用于增加并设定图形的背景。函数参数形式如下:

Matplotlib.pyplot.grid(b=None,axis='both')

① b:布尔类型数据,设定是否显示 grid。默认取值为 None,不显示 grid;如果要显示 grid,则需将 b 的取值设为 True。

② axis:制定绘制 grid 的坐标轴。其取值为"both"(default)、x 或者 y。"both"表示 x 轴和 y 轴的 grid 都绘制。

例如,可为上证指数 2020 年收盘价曲线图添加背景 grid,代码如下

```
>>>plt.plot(close)
>>> plt.title('上证指数 2020 年收盘价曲线')
>>> plt.xlabel('日期')
>>> plt.ylabel('收盘价')
>>> plt.grid(True,axis='both')        #添加背景
```

绘制图形结果如图 4-4 所示。

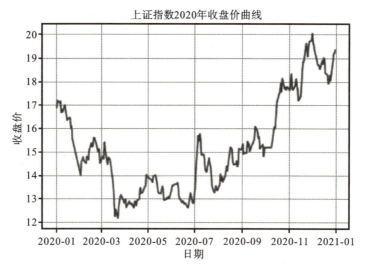

图 4-4　上证指数 2020 年收盘价曲线图——添加背景

5. 设置图例

当多条曲线显示在同一张图中时,图例可以帮助我们区分识别不同的曲线。在上证指数价格数据中,除了收盘价以外,开盘价也涵盖了市场中的许多信息,将收盘价与开盘价对比分析,有可能会发现一些新的信息。下面,我们将开盘价与收盘价绘制在同一张图形中,并为这两条线增加图例。图例的添加通过 pyplot 包中的 legend() 函数实现。legend() 函数成功增加图例的前提是在绘制图形时,要为图形设定 label,label 的值就是图例显示的文本内容。具体代码如下

```
>>>Open=SHIndex.open
>>>plt.title('上证指数 2020 收盘价与开盘价曲线')
>>>plt.plot(close,label='收盘价')
>>>plt.plot(Open,label='开盘价')
>>>plt.legend()
```

在上面的代码中,首先分别为绘制的曲线设置 label 参数取值,然后直接调用 legend() 函数即可生成如图 4-5 所示的图例。label 参数也可以在 legend 函数中设置,但是在绘制曲线 plot() 函数中设置 label 参数,便于使标签与曲线更好地对应起来,这也是 Matplotlib 建议我们使用的方法。

6. 设置线条属性

(1)线条的类型。在绘制曲线时,除了绘制实线以外,也可以绘制虚线。在一个图片框中绘制多条曲线时,往往需要设定不同的曲线类型以便于区分每条曲线代表的变量内容。plot() 函数中的 linestyle 参数用于设定曲线类型。为了书写方便,有时会用 ls 来代替 linestyle。linestyle 参数部分取值如表 4-2 所示。

第4章 Python量化工具

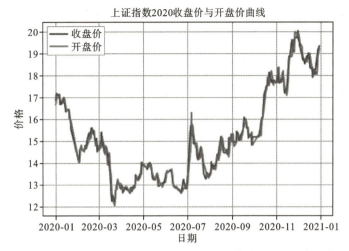

图4-5 上证指数2020年收盘价与开盘价曲线图——添加图例

表4-2 线条类型部分取值

线条风格 linestyle 或 ls	描述	线条风格 linestyle 或 ls	描述
'—'	实线	':'	虚线
'- -'	破折线	'—.'	点划线

接下来,我们运用 linestyle 或 ls 参数修改一下上证指数收盘价和开盘价曲线的线条类型。具体代码如下

```
>>>plt.plot(close,label='收盘价',linestyle='solid')    #修改线条类型
>>>plt.plot(Open,label='开盘价',ls='-.')
>>>plt.legend()
>>>plt.xlabel('日期')
>>>plt.ylabel('价格')
>>>plt.title('上证指数2020收盘价与开盘价曲线')
```

绘制图形结果如图4-6所示。

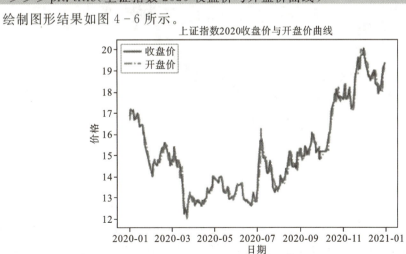

图4-6 上证指数2020年收盘价与开盘价曲线图——修改线条类型

(2)点的形状类型。点的形状通过 maker 参数来设定,maker 参数的取值有很多,表 4-3 列出了部分主要的取值。

表 4-3 点的形状部分取值

标记 maker	描述	标记 maker	描述
'o'	圆圈	'.'	点
'D'	菱形	's'	正方形
'h'	六边形 1	'*'	星号
'H'	六边形 2	'd'	小菱形
'_'	水平线	'v'	一角朝下的三角形
'8'	八边形	'<'	一角朝左的三角形
'p'	五边形	'>'	一角朝右的三角形
','	像素	'^'	一角朝上的三角形
'+'	加号	'\'	竖线

示例代码如下

```
>>>plt.plot(close,marker='o',label='收盘价')    #修改点的形状
>>>plt.plot(Open,marker='*',label='开盘价')
>>>plt.legend(loc='best')
>>>plt.xlabel('日期')
>>>plt.ylabel('价格')
>>>plt.title('上证指数 2020 收盘价与开盘价曲线')
```

绘制的图形如图 4-7 所示。

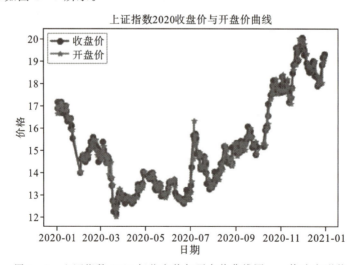

图 4-7 上证指数 2020 年收盘价与开盘价曲线图——修改点形状

(3)线条的颜色。修改线条颜色通过设定 color 参数的取值来实现,color 参数也可以简写成 c。颜色参数的取值可以由多种方式指定,最常用的方式是直接指定颜色的名称或者颜色名称的简写。在此介绍一下常用的颜色名称及其相关简写,如表 4-4 所示。

表 4-4 颜色部分取值

颜色名称	颜色	颜色名称	颜色
b	蓝色	g	绿色
r	红色	y	黄色
c	青色	k	黑色
m	洋红色	w	白色

接下来,运用 color 参数绘制不同颜色的线条。示例代码如下

```
>>>plt.plot(close,c='r',label='收盘价')    #修改线条颜色
>>>plt.plot(Open,c='c',ls='--',label='开盘价')
>>>plt.legend(loc='best')
>>>plt.xlabel('日期')
>>>plt.ylabel('价格')
>>>plt.title('上证指数 2020 收盘价与开盘价曲线')
```

绘制出来的图形如图 4-8 所示。

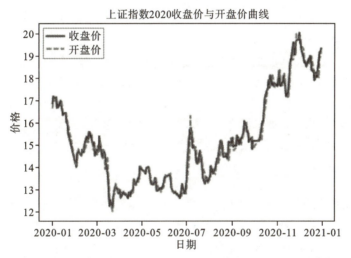

图 4-8　上证指数 2020 年收盘价与开盘价曲线图——修改线条颜色

4.3.3　统计绘图函数

常见的统计绘图函数有以下几种:
(1)plt.plot():绘制线性二维图、折线图;
(2)plt.bar():绘制柱状图;
(3)plt.hist():绘制二维条形直方图,显示数据的分配情况;
(4)plt.pie():绘制饼图;
(5)plt.boxplot():绘制箱形图;
(6)plt.scatter():绘制散点图。

1. 柱状图

柱状图主要用于表示定性数据的频数分布,其能够直观展现变量的分布情况。一般情况下,柱状图的 x 轴表示定性变量的各个取值,y 轴则表示各个取值的频数。柱状图不只适用于展示定性数据,也可用于展示定量数据。若要对定量数据绘制柱状图,则需要先对数据进行区间分组。

绘制上证指数收盘价柱状图,也可以展现出一些新的收盘价分布信息。在绘制收盘价柱状图之前,我们先简要分析一下上证指数收盘价数据的最高价、最低价、中位数、平均数等信息,这些信息通过对收盘价调用 describe() 函数可以获得。

```
>>>close.describe()
count    244.000000
mean      15.234713
std        2.055754
min       12.150000
25%       13.500000
50%       14.790000
75%       16.767500
max       20.050000
Name: close,dtype: float64
```

从结果可以看出最小值为 12.15,最大值为 20.05,然后通过代码分别统计收盘价落在 8 个区间 (12,13],(13,14],(14,15],(15,16],(17,18],(18,19],(19,20],(20,21] 的天数。

```
>>>a=[0,0,0,0,0,0,0,0]
>>>for i in close:
>>>     if (i>12)&(i<=13):
>>>         a[0]+=1
>>>     elif (i>13)&(i<=14):
>>>         a[1]+=1
>>>     elif (i>14)&(i<=15):
>>>         a[2]+=1
>>>     elif (i>15)&(i<=16):
>>>         a[3]+=1
>>>     elif (i>16)&(i<=17):
>>>         a[4]+=1
>>>     elif (i>17)&(i<=18):
>>>         a[5]+=1
>>>     elif (i>19)&(i<=20):
>>>         a[6]+=1
>>>     else:
>>>         a[7]+=1
```

```
>>>a
[36,49,45,41,15,25,13,20]
>>>import matplotlib.pyplot as plt
>>>plt.bar([12,13,14,15,16,17,18,19],a)        # 绘制柱状图
>>> plt.title("上证指数收盘价分布柱状图")
```

绘制的图形如图 4-9 所示。

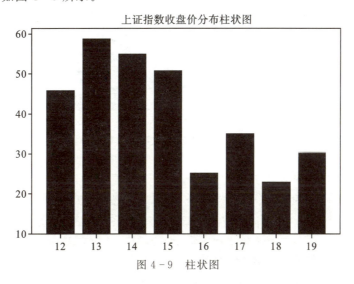

图 4-9 柱状图

其中,bar()函数的参数形式为

matplotlib.pyplot.bar(x, height, width=0.8, bottom=None, align='center', data=None)

(1) x 参数为每根棒的 x 轴坐标;

(2) height 参数为每根棒的 x 轴高度;

(3) width 参数用于调整棒的宽度;

(4) bottom 参数用于设定棒底部的 y 轴坐标;

(5) color 参数设置棒的颜色;

(6) edgecolor 参数设置棒的边沿颜色。

下面是修改柱状图参数的代码。

```
>>>plt.bar([12,13,14,15,16,17,18,19],height=a,width=0.8,bottom=10,color='blue',edgecolor='g')
>>>plt.title('上证指数收盘价分布柱状图')
```

修改后绘制的图形如图 4-10 所示。

2. 直方图

直方图也常常用于金融时间序列数据中,它是金融应用中的重要图表类型。它是一种统计报告图,由一系列高度不等的纵向条纹或线段表示数据分布的情况。一般用横轴表示数据类型,纵轴表示分布情况。pyplot 包中的 hist()函数用于绘制直方图。当绘制直方图时,你最需要确定的参数是矩形条的数目以及如何放置它们。利用 bins 参数可以方便地设置矩形条

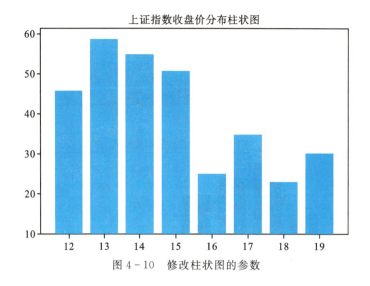

图 4-10 修改柱状图的参数

的数量。hist()函数的主要参数形式为

matplotlib.pyplot.hist(x, bins=None, range=None, weights=None, cumulative=False, bottom=None, histtype='bar', orientation='vertical', color=None, normed=None, data=None)

(1)bins 参数为直方图的分布区间个数；

(2)range 参数为直方图的小矩阵的最小值与最大值；

(3)orientation 参数取值'horizontal'，可设定水平直方图，取值'vertical'，可设定垂直直方图；

(4)color 参数可设置矩形颜色；

(5)cumulative 参数设置为 True 时，可绘制累积分布直方图；

(6)histtype 参数设定直方图的类型，该参数可能取值为 bar、barstacked、step 或 stepfilled，分别表示直方图、堆栈图、无填充的线图和有填充的线图四种。

通过下面绘制直方图的代码，图形结果如图 4-11 所示。

>>>plt.hist(close,range=(12,20.2),orientation='vertical',cumulative=True, histtype='step',color='red',edgecolor='blue')

>>>plt.title('上证指数收盘价分布直方图')

3. 饼图

饼图，最常见的可视化图表之一。饼图将圆划分成一个个扇形区域，每个区域代表在整体中所占的比例。饼图用 pie()函数绘制，该函数的参数形式如下

matplotlib.pyplot.pie(x, labels=None, colors=None, shadow=False)

(1)labels 参数用于设定扇形图的标签；

(2)colors 参数用于设定扇形图的颜色；

(3)shadow 参数用于设定是否有阴影，取值为 True 或者 False(默认)。

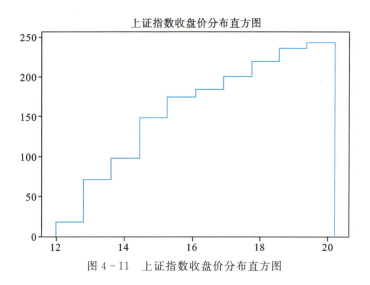

图 4-11 上证指数收盘价分布直方图

通过下面绘制饼图的代码,图形结果如图 4-12 所示。

```
>>>plt.pie(a, labels=('(12,13]', '(13,14]', '(14,15]', '(15,16]', '(16,17]', '(17,18]', '(18,19]', '(19,20]'), shadow=True)
>>>plt.title('上证指数收盘价分布饼图')
```

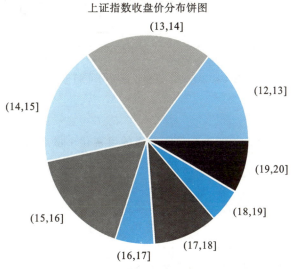

图 4-12 上证指数收盘价分布饼图

4. 箱形图

箱形图可以简洁概述数据集的特性,很容易比较多个数据集。它能够很好地表示数据中的分布规律。箱形图方框的末尾显示了上下四分位数。极线显示最高和最低值,不包括异常值。

boxplot 函数用于绘制箱形图,该函数主要参数形式为

```
matplotlib.pyplot.boxplot(x, notch=None, labels=None)
```

(1) x 参数表示要绘制的图形数据可以是数组形式。

(2) notch 参数表示箱线图的类型为布尔类型,默认取值为 False,表示绘制矩形箱(rectangular box);如果取值为 True,则表示绘制锯齿状箱形图(notched box)。

(3) labels 参数表示箱形图的标签。

通过下面绘制箱形图的代码,图形结果如图 4-13 所示。

```
>>>import numpy as np
>>>prcData=shangzhengindex.iloc[:,0:4]
>>>data=np.array(prcData)
>>>plt.boxplot(data,labels=('Open','High','Low','Close'),notch=False)
>>>plt.title('上证指数股价箱形图')
```

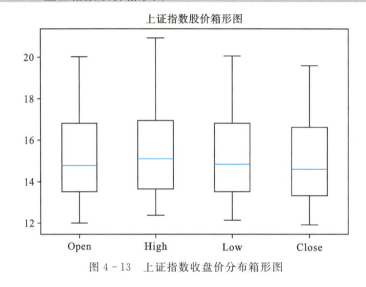

图 4-13 上证指数收盘价分布箱形图

5. 散点图

散点图是同一组研究对象的两个变量间关系的可视化。散点图中一个数据集的值作为其他数据集的 x 值。例如,这种图标类型可用于绘制一个金融时间序列的收益和另一个时间序列收益的对比。

由于上证指数和深圳成指反映的是整个股票市场的情况,所以我们认为这两个指数的日度收益率可能存在着相关关系。接下来我们用 Python 编写代码绘制上证指数和深圳成指日度收益率散点图来探讨二者的关系。

```
>>># 获取深圳成指数据,深圳成指股票代码"399106"
>>>SZindex = pd.read_csv('399106.csv',index_col='date')
>>>SZclose = SZindex.close
>>># 计算上证指数收益率
>>>SH_returns = (close - close.shift(1))
>>>SH_returns.name='SH_returns'
>>># 计算深圳成指收益率
>>>SZ_returns = (SZclose - SZclose.shift(1))
>>>SZ_returns.name='SZ_returns'
```

```
>>>mergedata=pd.merge(pd.DataFrame(SH_returns),pd.DataFrame(SZ_returns),left_index=True,right_index=True)
>>>#绘制上证指数和深圳成指的散点图
>>>plt.scatter(mergedata.SH_returns,mergedata.SZ_returns)
>>>plt.xlabel(xlabel='上证指数收益率')
>>>plt.ylabel(ylabel='深圳成指收益率')
>>>plt.title('上证指数和深圳成指收益率分布散点图')
```

观察上证指数和深证成指日度收益率散点图,如图4-14所示,两个收益率序列的散点图呈现出从左下方向右上方扩散的趋势,表明两个收益率序列之间存在着正相关性。

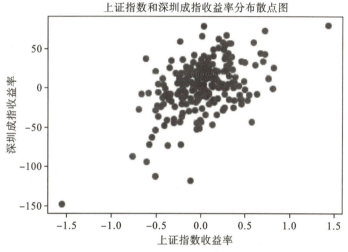

图4-14 上证指数与深圳成指日度收益率散点图

第 3 部分

量化投资之机器学习应用

第5章　回归分析

回归分析指的是确定两种或两种以上变量间相互依赖的定量关系的一种统计分析方法。回归分析按照涉及的变量的多少，分为一元回归和多元回归分析；按照因变量的多少，可分为简单回归分析和多重回归分析；按照自变量和因变量之间的关系类型，可分为线性回归分析和非线性回归分析。在大数据分析中，回归分析是一种预测性的建模技术，它研究的是因变量（目标）和自变量（预测器）之间的关系。这种技术通常用于预测分析、时间序列模型以及发现变量之间的因果关系。

5.1　一元线性回归模型

5.1.1　一元线性回归模型

假设有两个变量——自变量 X 和因变量 Y，一元线性回归模型是指用线性模型 $\alpha+\beta X$ 来刻画 Y 的变动，其中 α 和 β 是未知的、待估计的参数。通常当变量有随机的成分存在时，就不能用一个变量完全解释另一个变量，因此我们将 Y 表达为

$$Y_i = \alpha + \beta X_i + \varepsilon_i, \quad i = 1, 2, \cdots, n$$

（1）Y_i 为变量 Y 的第 i 个样本，X_i 为变量 X 的第 i 个样本，共有 n 个样本。其中，X_i 的取值不能全部相等，也就是 X 为非常数。假设所有 X 的取值都相等，则可以推断 Y 的变化肯定不是由 X 变化引起的，研究 X 对 Y 的影响毫无意义。

（2）ε_i 为随机误差项或干扰项，表示 Y_i 的变化中未被 X_i 解释的部分。

（3）参数 α 和 β 都被称为回归系数。其中，α 是截距项；β 为斜率项，表示 X 每增加一个单位，Y 平均会增加 β 个单位。

这里要注意的是，线性回归模型中的"线性"指模型是参数的线性函数，并不要求是变量 X 和 Y 的线性函数，比如我们认为 Y 与 X 满足：

$$Y_i = \alpha + \beta \ln X_i + \varepsilon_i$$

该模型可以转化为线性模型：

$$Y_i = \alpha + \beta Z_i + \varepsilon_i$$

其中，$Z_i = \ln X_i$，可以通过对样本 X_i 取对数得到。因此，只要是参数的线性模型，都适用于本章的分析。

5.1.2　参数估计——最小二乘法

在上述的线性模型中，X_i 和 Y_i 是样本数据，但还需要知道 α 和 β 的值。对于 α 和 β 的值，可以根据 X_i 和 Y_i 的数据来估计。采取不同的估计方法，就会得到不同的 α 和 β 的估计值。我

们想要的自然是最接近真实值的估计,那么,应该采取什么方法进行估计呢?构建线性回归模型的目的是要来解释 Y 的变动,因此我们认为 α 和 β 的估计式是令 Y_i 中未被 X_i 解释的部分 ε_i 越小越好。我们可以使总的误差项 ε_i 达到最小,但是,误差 ε_i 有时大于零有时小于零,加总时会正负抵消,这样就无法区分没有偏差和正负偏差相抵消时的情况。因此,我们选择使用误差 ε_i 之平方和并令其最小,这种估计方法被称为最小二乘法。

最常用的是普通最小二乘法(OLS):所选择的一元线性回归模型应该使所有观察值的误差平方和达到最小。误差可表示为

$$\varepsilon_i = Y_i - \alpha + \beta X_i$$

求解 α 和 β 的方式可以用数学公式表达如下:

$$\min_{\alpha,\beta} Q(\alpha,\beta) = \frac{1}{n} \sum_{i=1}^{n} (Y_i - \alpha_i - \beta_i X_i)^2$$

根据函数最小化原则,能够令误差平方和 $Q(\alpha,\beta)$ 最小的 α、β 必须满足以下一阶条件:

$$\frac{\partial Q(\alpha,\beta)}{\partial \alpha} = -2 \frac{1}{n} \sum_{i=1}^{n} (Y_i - \alpha_i - \beta_i X_i) = 0 \tag{5.1}$$

$$\frac{\partial Q(\alpha,\beta)}{\partial \beta} = -2 \frac{1}{n} \sum_{i=1}^{n} (Y_i - \alpha_i - \beta_i X_i) X_i = 0$$

根据这两个一阶条件公式,可以得到 α 和 β 的最小平方估计式:

$$\hat{\beta} = \frac{\sum_{i=1}^{n} (X_i - \overline{X})(Y_i - \overline{Y})}{\sum_{i=1}^{n} (X_i - \overline{X})^2} \tag{5.2}$$

$$\hat{\alpha} = \overline{Y} - \hat{\beta} \overline{X}$$

其中,$\overline{X}$ 和 $\overline{Y}$ 分别为 X 和 Y 的样本均值,注意,式(5.2)是估计式,也就是说,样本观测值不同,就会得到不同的 $\hat{\alpha}$、$\hat{\beta}$。如果我们将样本观测值 $x_1, x_2, \cdots, x_n$ 和 $y_1, y_2, \cdots, y_n$ 代入估计式(5.2)中,即可得到 $\hat{\alpha}$ 与 $\hat{\beta}$ 之最小平方估计值:

$$\hat{\beta}_n = \frac{\sum_{i=1}^{n} (x_i - \bar{x})(y_i - \bar{y})}{\sum_{i=1}^{n} (x_i - \bar{x})^2}$$

$$\hat{\alpha}_n = \bar{y} - \hat{\beta}\bar{x}$$

其中,$\bar{x}$、$\bar{y}$ 分别是 $\overline{X}$ 和 $\overline{Y}$ 的实现值。

将 $\hat{\alpha}$ 与 $\hat{\beta}$ 之最小平方估计值代入线性模型,可得由样本观测值 $x_1, x_2, \cdots, x_n$ 解释的 $\hat{y}_i$ 为

$$\hat{y}_i = \hat{\alpha}_n + \hat{\beta}_n x_i, \quad i = 1, \cdots, n$$

这个 $\hat{y}_i$ 被称为拟合值,而样本观测值 y_i 与拟合值 $\hat{y}_i$ 之间的差值为残差值:

$$\xi_i = y_i - \hat{y}_i, \quad i = 1, \cdots, n$$

另外,根据一阶条件式(5.1),可得:

$$\sum_{i=1}^{n} (Y_i - \hat{\alpha} - \hat{\beta} X_i) = \sum_{i=1}^{n} \varepsilon_i = 0$$

$$\sum_{i=1}^{n}(Y_i - \hat{\alpha} - \hat{\beta}X_i)X_i = \sum_{i=1}^{n}\hat{\varepsilon}_i X_i = 0$$

5.1.3 模型拟合度

在现实中,可能不同的 X 都可以用来解释 Y 之变动,比如自变量 Y 是股票收益率,有人可能用公司每股收益来解释,有人可能用公司市值来解释。因此,需要一个指标能够判断出模型的好坏,对此,我们引入拟合度的概念。拟合度是指回归直线与样本数据趋势的吻合程度,取决于估计方法和样本数据。

常用来判断线性模型拟合度的指标是 R^2,又称作可决系数,它刻画的是自变量与因变量关系密切的程度,由回归模型解释的变动量占 Y 总变动量的百分比来刻画。如果将因变量 Y 的波动(方差)进行分解,可以得到如下公式:

$$\sum_{i=1}^{n}(Y_i - \overline{Y})^2 = \sum_{i=1}^{n}(\hat{Y}_i - \overline{\hat{Y}})^2 + \sum_{i=1}^{n}\xi^2$$

其中:

(1) 等号左边为总平方和(total sum of squares,TSS),度量了因变量 Y_i 的总波动情况。

(2) 等号右边第一项为回归平方和(regression sum of squares,RSS),度量了模型估计出来的 $\hat{Y}_i$ 的波动情况,由于 $\hat{Y}_i$ 是根据自变量 X_i 估计的,所以这一部分可以说是总平方和中可以被自变量 X_i 解释的波动。

(3) 等号右边第二项为残差平方和(error sum of squares,ESS),度量了残差的波动,即不能被自变量 X_i 解释的波动。

由于 TSS、RSS、ESS 均为平方和,故三者的关系为

$$TSS = RSS + ESS \tag{5.3}$$

R^2 的表达式为

$$R^2 = \frac{RSS}{TSS}$$

根据公式(5.3)可知,R^2 在 0~1 之间取值,其值越大说明可用模型解释的波动部分占总波动的比例越高,拟合得越好。

5.2 案例:股市指数回归分析的 Python 实战

上海证券交易所股票价格综合指数简称"上证综指",其样本股包括上海证券交易所全部上市股票,是以发行量为权数计算出来的加权综合股价指数。该指数反映了上海证券交易所上市股票价格的变动情况。"深证综指"的计算方式类似,样本股是深圳证券交易所挂牌上市的全部股票。上证综指与深证综指反映的都是中国股票市场的整体表现,两种指数的日度收益率数据存在着相关性关系。在本节中,我们将对两种指数的日度收益率数据进行一元线性回归分析,进一步确定两者的相关关系。在分析之前,我们先来了解 Python 中的一些回归函数。

5.2.1 线性回归模型的 Python 函数

在 Python 中,拟合线性模型主要通过 Statsmodels 包中的 OLS 类完成。一般来说,我们

需要先构建一个 OLS 类,然后再调用该类的 fit() 方法,从而得到线性回归的结果。除了 fit() 函数以外,以下列举了对拟合线性模型非常有用的其他函数用途:

(1) Params() 方法:列出拟合模型的参数。
(2) conf_in() 方法:提供模型参数的置信区间。
(3) fittedvalues 属性:模型的拟合值。
(4) resid 属性:模型的残差值。
(5) aic 属性:赤池信息统计量。
(6) predict() 方法:用拟合模型对新的数据集预测解释变量。

5.2.2 构建线性回归模型

设 x 为上证综指的日度收益率,y 为深证综指的日度收益率。通过对股票市场的认知,我们认为 x 和 y 有很强的线性关系,因此可以假设模型为

$$y = \beta_0 + \beta_1 x$$

同时,使用 Statsmodels 包进行 OLS 回归分析。

我们使用 Python 对上证综指和深证综指日度收益率数据构造一元回归模型,代码清单 5-1 提供了分析过程。

代码清单 5-1　一元线性回归

```
# 读取数据
In     import pandas as pd
[1]:   TRD_Index=pd.read_table('TRD_Index.txt',sep='\t')
# 获取上证综指数据,代码为"000001";获取深证综合指数数据,代码为"399106"
In     SHindex=TRD_Index[TRD_Index.Indexcd==1]
[2]:   SZindex=TRD_Index[TRD_Index.Indexcd==399106]
       SHRet=SHindex.Retindex
       SZRet=SZindex.Retindex
       SZRet.index=SHRet.index
# 构造上证综指与深证成指收益率的回归模型
In     import statsmodels.api as sm
[3]:   model=sm.OLS(SHRet,sm.add_constant(SZRet)).fit()
# 查看回归模型结果
In     print(model.summary())
[4]:
                        OLS Regression Results
==============================================================
Dep. Variable:        Retindex    R-squared:          0.825
Model:                OLS         Adj. R-squared:     0.825
Method:               Least Squares  F-statistic:     5698.
Date:                 Mon, 17 Feb 2020  Prob (F-statistic):  0.00
```

```
Time:                     23:32:58    Log-Likelihood:            4520.3
No. Observations:             1211    AIC:                        9037.
Df Residuals:                 1209    BIC:                       -9026.
Df Model:                        1
Covariance Type:         nonrobust
==========================================================================
                coef     std err        t       P>|t|     [0.025    0.975]
--------------------------------------------------------------------------
const        -0.0003       0.000    -1.747      0.081     -0.001   3.58e-05
Retindex      0.7603       0.010    75.487      0.000      0.741     0.780
==========================================================================
Omnibus:                  154.029    Durbin-Watson:              1.821
Prob(Omnibus):              0.000    Jarque-Bera (JB):         382.039
Skew:                       0.701    Prob(JB):                1.10e-83
Kurtosis:                   5.367    Cond. No.                    60.5
==========================================================================
Warnings:
[1] Standard Errors assume that the covariance matrix of the errors is correctly specified.
```

通过 summary( ) 这个函数，我们可以看出拟合模型的详细结果。

(1) R^2 为 0.825，表明模型可以解释上证综指 82.5% 的方差。

(2) 截距项是 -0.0003，P 值为 0.081 > 0.05，即无法通过置信度为 0.05 的假设检验，故可以推断该模型不含截距项，即截距项为 0。

(3) 斜率的估计值为 0.7603，显著不为 0（其 p 值远远小于 0.05 的显著性水平）。

根据以上结果，我们可以得到如下模型：

$$y = 0.7603x$$

该模型表明深证综指日度收益率每增加 1%，上证综指日度收益率将增加约 0.76 个百分点。

此外，resid 属性为回归的残差项，fittedvalues 属性为拟合参数的预测值。比如，查看前 5 个拟合值，我们只需要输入如下指令代码

```
#查看前5个拟合值
In [5]:  model.fittedvalues[:5]
Out[5]:  0     0.024213
         1     0.019940
         2    -0.002401
         3    -0.015390
         4     0.016635
         dtype: float64
```

5.2.3 绘制回归诊断图

我们可以通过调用 fit()函数来拟合最小二乘回归模型,并通过回归结果的各种属性和方法来获取模型参数、相关统计量和模型的其他信息。不过,根据前面线性回归模型基础知识的介绍,线性模型中参数估计值的显著性检验是建立在对误差项的一系列假设上,对模型参数推断的信心依赖于样本数据 y_i 和 x_i 是否满足这些假设条件。虽然 summary()函数提供了对模型的整体描述,但是 summary()函数的结果不能表明数据是否满足这些假设条件。若数据无法满足假设条件或者错误设定自变量与因变量的关系,都会使模型产生巨大的偏差,若在实际中采用存在偏差的模型,可能会带来预测误差。因此,我们需要对回归模型进行线性、正态性和同方差性的检验。一般来说,可以绘制以下几种图来帮助我们进行检验。

(1)线性(如图 5-1 所示):若因变量与自变量线性相关,残差值应该和拟合值没有任何的系统关联,呈现出围绕着 0 随机分布的状态。从图 5-1 来看,这一假定基本上满足。

绘制拟合值和残差的散点图的代码如下

```
#绘制拟合值和残差的散点图
In [6]:   import matplotlib.pyplot as plt
          plt.rcParams["font.sans-serif"] = ["Microsoft YaHei"]
          plt.rcParams['axes.unicode_minus'] = False
          plt.scatter(model.fittedvalues, model.resid)
          plt.xlabel('拟合值')
          plt.ylabel('残差')
Out[6]:   Text(0, 0.5, '残差')
```

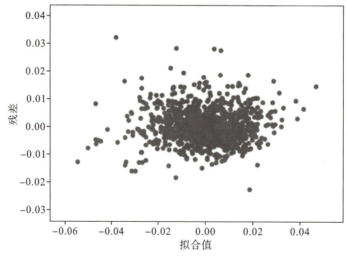

图 5-1 上证综指与深证综指日度收益率回归诊断图 1

(2)正态性(如图 5-2 所示):当因变量呈正态分布时,那么模型的残差项应该是一个均值为 0 的正态分布。正态 Q-Q 图(Normal Q-Q)是在正态分布对应的值下,标准化残差的概率图,若满足正态性假设,那么图上的点应该落在一条直线上,若不是,则违背了正态性的假定。

绘制正态 Q-Q 图的代码如下

```
#绘制正态Q-Q图
In [7]:   import scipy.stats as stats
          sm.qqplot(model.resid_pearson,\
                stats.norm,line='45')
```

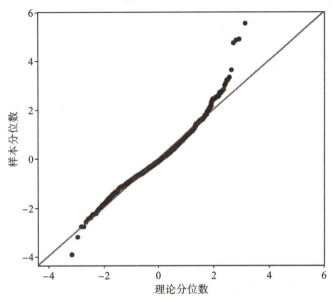

图 5-2　上证综指与深证综指日度收益率回归诊断图 2

从图 5-2 来看,残差在两端出现了较为严重的偏离。因此,数据可能并不满足正态性的假设。

(3)同方差性(如图 5-3 所示):若满足不变方差假定,那么在位置尺度图上,各点分布应该呈现出一条水平的、宽度一致的条带形状。

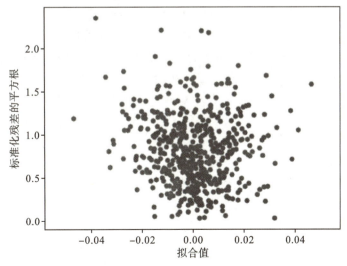

图 5-3　上证综指与深证综指日度收益率回归诊断图 3

绘制拟合值和标准化残差的平方根的散点图的代码如下

```
#绘制拟合值和标准化残差的平方根的散点图
In[8]:    plt.scatter(model.fittedvalues,\
                model.resid_pearson**0.5)
          plt.xlabel('拟合值')
          plt.ylabel('标准化残差的平方根')
Out[8]:   Text(0, 0.5, '标准化残差的平方根')
```

从图5-3中可以看出,模型基本满足同方差性假定。

5.3 多元线性回归模型

一元线性回归模型可以研究某一自变量与某一因变量之间的关系,但是在现实世界中变量的关系错综复杂,某一现象往往由许多的因素共同影响,因此,单一自变量往往是不够的。这时候,我们就可以在一元线性回归模型的基础上拓展,使用多个自变量来解释因变量,这样的模型就是多元线性回归模型。

同一元线性回归模型类似,多元线性回归模型的形式为

$$Y_i = \beta_0 + \beta_1 X_{1,i} + \beta_2 X_{2,i} + \cdots + \beta_k X_{k,i} + \varepsilon_i, \quad \varepsilon = 1,2,3,\cdots,n$$

其中,$X_{k,i}$为第k个自变量X_k的第i个样本。

在一元线性回归模型中,我们采用最小平方法来估计参数的值,在多元线性回归模型中,同样采用最小平方法进行参数的估计。但是,为了使估计出来的参数同样具有一元线性回归模型参数估计量的性质,多元线性回归模型不仅要满足一元线性回归模型的假设,还要保证模型中的自变量不存在共线性。共线性是指一个自变量可以由其他自变量线性表示,即$X_i = \sum_{j=1}^{k} a_j X_j$。要注意的是,即使不是完全的共线性,变量之间的强相关性仍会使得模型结果产生偏差。

在多元线性回归模型中,同样用可决系数R^2来表达模型的拟合度。不过对多元线性回归模型来说,随着自变量数目的增加,对因变量的解释能力也相应增加,故模型的拟合度相应增加。但是,这似乎也给我们构造模型带来了一些困扰,比如在研究股市的影响因素时,应当考虑世界上所有可能的解释变量,甚至包括天气、季节等因素,这样拟合出来的模型的可决系数R^2会很高。但是,模型的可决系数R^2很高不一定说明模型是一个好的模型,用一切解释变量来解释因变量时,就犹如没有解释一样,即使建立模型,也无法抓住重点因素,进而很难实现分析和研究。

因此,我们需要找一个比可决系数R^2更好的指标来反映多元线性回归模型的拟合优度。这个指标与R^2相比,要满足:不是解释变量数目的单调递增函数。也就是说,这个指标所反映出来的信息应该是:我们构建的模型确实不错,而不是因为解释变量的数目多而看上去很好。因此,在这里引入调整后的可决系数R_c^2,其表达式为

$$R_c^2 = 1 - \frac{n-1}{n-k-1}(1-R^2)$$

其中,n为样本观测量;k为自变量个数。当可决系数R^2相同时,自变量个数越多,调整后的可

决系数 R^2 就越小。因此构造模型时,需要在模型拟合度和自变量个数中做出权衡取舍。此外,调整的可决系数 R^2 还能用于评价不同个数自变量的回归模型的拟合效果。

多元回归模型中涉及多个参数,因此可以对几个参数一起做联合检验,比如我们想看模型中所有的系数是否都为 0,或者,前两个自变量的系数相加是否为 1 之类的关系。这时要建立新的统计量,不过进行这些检验的前提假设条件依旧是古典假设,构建统计量的思想依旧是标准化,读者可参考前面的内容进行构建。

5.4 案例:股票收益率多元回归分析的 Python 实战

根据 5.2 节案例,不难实现使用上证综指来预测浦发银行的股票收益率。现在我们将添加更多变量来改进模型的预测能力。特别是,我们将考虑浦发银行的竞争对手,如农业银行、华夏银行、民生银行等。

我们使用 Python 对浦发银行和上证综指、农业银行、华夏银行、民生银行股票收益率数据构造多元回归模型,代码清单 5-2 提供了分析过程。

代码清单 5-2 多元线性回归

```
#
In [1]:   import pandas as pd
          import numpy as np
          import tushare as ts
# 获取上证综指、浦发银行、农业银行、华夏银行、民生银行的历史交易数据
In [2]:   df1 = ts.get_hist_data('000001',start='2019-01-01',end='2019-12-31')
          df2 = ts.get_hist_data('600000',start='2019-01-01',end='2019-12-31')
          df3 = ts.get_hist_data('601288',start='2019-01-01',end='2019-12-31')
          df4 = ts.get_hist_data('600015',start='2019-01-01',end='2019-12-31')
          df5 = ts.get_hist_data('600016',start='2019-01-01',end='2019-12-31')
          df5.to_csv('600016.csv')
# 获取收盘价数据
In [3]:   SH=df1.iloc[:,2]
          PUFABank=df2.iloc[:,2]
          NONGYEBank=df3.iloc[:,2]
          HUAXIABank=df4.iloc[:,2]
          MINSHENGBank=df5.iloc[:,2]
# 计算股票收盘价格的简单单期收益率
In [4]:   import ffn
          SH=ffn.to_returns(SH)
          PUFABank=ffn.to_returns(PUFABank)
          NONGYEBank=ffn.to_returns(NONGYEBank)
          HUAXIABank=ffn.to_returns(HUAXIABank)
          MINSHENGBank=ffn.to_returns(MINSHENGBank)
```

```python
# 合并为一个 DataFrame
In[4]: merge1 = pd.merge(SH, PUFABank, left_index=True, right_index=True, how='outer')
       merge2 = pd.merge(merge1, NONGYEBank, left_index=True, right_index=True, how='outer')
       merge3 = pd.merge(merge2, HUAXIABank, left_index=True, right_index=True, how='outer')
       merge = pd.merge(merge3, MINSHENGBank, left_index=True, right_index=True, how='outer')
       merge
```

Out[4]:

date	close_x	close_y	close_x	close_y	close
2019-12-31	NaN	NaN	NaN	NaN	NaN
2019-12-30	0.007295	−0.002425	0.008130	−0.002608	0.000000
2019-12-27	0.003621	−0.001621	0.002688	−0.002614	−0.006339
2019-12-26	−0.009621	−0.002435	−0.005362	−0.005242	−0.003190
2019-12-25	−0.010322	−0.004068	−0.010782	−0.005270	−0.003200
...	...	...	...	...	...
2019-01-08	−0.028169	−0.003003	−0.005634	−0.005369	−0.001736
2019-01-07	0.008282	0.002008	0.011331	0.005398	0.001739
2019-01-04	0.001027	−0.002004	0.005602	0.005369	0.003472
2019-01-03	−0.048205	−0.015060	−0.013928	−0.018692	−0.019031
2019-01-02	−0.009698	−0.011213	−0.005650	−0.005442	−0.003527

244 rows × 5 columns

```python
# 构造浦发银行和上证综指、农业银行、华夏银行、民生银行股票价格的多元回归模型
In [5]: import statsmodels.formula.api as sm
        simple = sm.ols(formula = 'PUFABank ~ SH + NONGYEBank + HUA-
        XIABank + MINSHENGBank', data = merge).fit()
        print(simple.summary())
# 查看回归模型结果
In [6]:
```

OLS Regression Results
==
Dep. Variable:	PUFABank	R-squared:		0.642
Model:	OLS	Adj. R-squared:		0.636
Method:	Least Squares	F-statistic:		106.5
Date:	Thu, 27 Feb 2020	Prob (F-statistic):		7.37e-52
Time:	22:45:41	Log-Likelihood:		837.94
No. Observations:	243	AIC:		−1666.
Df Residuals:	238	BIC:		−1648.
Df Model:	4			
Covariance Type:	nonrobust			

```
==============================================================
                coef      std err      t        P>|t|    [0.025    0.975]
--------------------------------------------------------------
Intercept      -0.0003    0.001      -0.564    0.574    -0.001    0.001
SH              0.1571    0.039       4.078    0.000     0.081    0.233
NONGYEBank      0.2602    0.086       3.009    0.003     0.090    0.431
HUAXIABank      0.0151    0.093       0.162    0.872    -0.169    0.199
MINSHENGBank    0.6023    0.095       6.314    0.000     0.414    0.790
==============================================================
Omnibus:              54.258   Durbin-Watson:              1.748
Prob(Omnibus):         0.000   Jarque-Bera (JB):         229.542
Skew:                 -0.818   Prob(JB):                1.43e-50
Kurtosis:              7.471   Cond. No.                    232.
==============================================================
Warnings:
[1] Standard Errors assume that the covariance matrix of the errors is correctly specified.
```

通过 summary() 这个函数,我们可以看出拟合模型的详细结果。

(1) R^2 为 0.642,表示模型可以解释浦发银行 64.2% 的方差。

(2) 截距项是 -0.0003,P 值为 0.574 > 0.05,拒绝置信度为 0.05 的假设检验,故可以推断该模型不含截距项,即截距项为 0。

(3) SH、NONGYEBank 和 MINSHENGBank 的 P 值分别是 0、0.003 和 0,P 值均小于 0.01,接受置信度为 0.05 的假设检验,因此在 95% 置信水平下它们显著不为 0。HUAXIABank 的 P 值为 0.872 > 0.05,拒绝置信度为 0.05 的假设检验,故可以推断该模型不含 HUAXIABank。

根据以上结果,我们可以得到如下模型:

$$\text{Ret}_{\text{PUFABank}} = 0.1571 \times \text{Ret}_{\text{SH}} + 0.2602 \times \text{Ret}_{\text{NONGYEBank}} + 0.6023 \times \text{Ret}_{\text{MINSHENGBank}}$$

第 6 章　决策树与随机森林

决策树最早源于人工智能的机器学习技术。决策树算法具有出色的数据分析能力和结果展示直观易懂等特点,且核心算法较为成熟,已成为最为广泛使用的分类和回归预测方法。决策树能较好地找出数据中输入变量和输出变量取值间的逻辑对应关系或规则,并实现对新数据输出变量的预测。

6.1　决策树概述

决策树算法的目标是建立分类预测模型或回归预测模型。由于其分析结果的展示方式很像一棵倒置的树,故称决策树。在机器学习中,决策树是一个预测模型,它代表的是对象属性与对象值之间的一种映射关系。图 6-1 所示的即为一棵典型的决策树,其输入变量包括数据、API、回测和模拟交易;输出变量为是否使用,为分类型变量,1 表示使用,0 表示不使用。

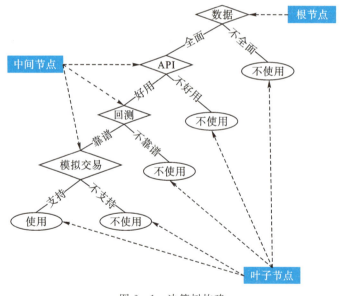

图 6-1　决策树构建

6.1.1　相关基本概念

决策树涉及以下基本概念:

(1)根节点。图 6-1 中最上方的节点称为根节点。一棵决策树只有 1 个根节点。

(2)叶子节点。没有下层的节点称为叶子节点。一棵决策树可以有多个叶子节点。例如,图 6-1 中有 5 个叶子节点。

(3)中间节点。位于根节点下且自身有下层的节点称为中间节点。中间节点可分布在多个层中,如图6-1中有3个中间节点。

同层节点称为兄弟节点,上层节点是下层节点的父节点,下层节点是上层节点的子节点。根节点没有父节点,叶子节点没有子节点。

6.1.2 决策树的特点

决策树的特点如下:

(1)决策树的表现形式类似于流程图的树结构,在决策树的内部节点进行属性测试,并根据属性值判断由该节点引出的分支,在决策树的叶子节点得到结论。内部节点是属性或属性的集合,叶子节点代表样本所属的类或类分布。决策树学习的基本算法是贪心算法,采用自顶向下的递归方式构造决策树。

(2)决策树体现了对样本数据的不断分组过程。每个节点均包含一定数量的样本。根节点包含所有观测,其他节点包含的观测个数依层递减。

(3)决策树体现了输入变量和输出变量取值的逻辑关系。采用"if-then"的形式,通过输入变量取值的布尔比较(逻辑比较)预测输出变量的取值。构建好的决策树呈树形结构,主要优点是模型具有可读性,分类速度快。

我们用选择量化工具的过程形象地展示一下决策树的构建。假设要选择一个优秀的量化工具来帮助我们更好地炒股,怎么选呢?

第一步:工具提供的数据是不是非常全面,数据不全面就不用。

第二步:工具提供的 API 是不是好用,API 不好用就不用。

第三步:工具的回测过程是不是靠谱,不靠谱的回测出来的策略不敢用。

第四步:工具支不支持模拟交易,回测只是能让你判断策略在历史上是否有用,正式运行前需要支持一个模拟交易。

这样,通过"数据是否全面""API 是否好用""回测是否靠谱""模拟交易是否支持",将市场上的量化工具贴上两个标签,即"使用"和"不使用"。

在图 6-1 中,菱形框中的"数据""API""回测""模拟交易"就是这个决策树中的特征。如果特征的顺序不同,同样的数据集构建出的决策树也可能不同。特征的顺序依次是"数据""API""回测""模拟交易"。如果我们选取特征的顺序分别是"数据""模拟交易""API""回测",那么构建的决策树就完全不同了。可以看出,决策树的主要工作,就是选取特征对数据集进行划分,最后把数据贴上两类不同的标签。

目前有很多决策树算法,其中主流的应用较为广泛的有 3 种:ID3 算法(罗斯·昆兰于 1986 年提出),采用信息增益最大的特征;C4.5 算法(罗斯·昆兰于 1993 年提出),采用信息增益比选择特征;分类回归树(classification and regression tree,CART)算法,利用基尼指数最小化准则进行特征选择,CART 算法是由美国斯坦福大学和加州大学伯克利分校的里奥·布瑞曼(Leo Breiman)等人于 1984 年提出的。目前运用较多的是基尼系数,也就是 CART 这个算法,Python 中 scikit-learn 库里面的决策树默认的就是运用基尼系数来进行分枝。以下将重点讨论分类回归树。

6.2 CART 算法

6.2.1 CART 算法介绍

CART 为一个二叉树,建模过程包括决策树生长和决策树剪枝两个阶段。该树内部节点特征的取值为"是"和"否",左分支是取值为"是"的分支,右分支是取值为"否"的分支。这样的决策树等价于递归地二分每个特征,将输入空间即特征空间划分为有限个单元,并在这些单元上确定预测的概率分布,也就是在输入给定的条件下确定输出条件的概率分布。

CART 算法由以下两步组成:

(1) 树的生成:基于训练数据集生成决策树,生成的决策树要尽量大。

(2) 树的剪枝:用验证数据集对已生成的树进行剪枝并选择最优子树,这时以损失函数最小作为剪枝的标准。

决策树的生成就是通过递归地构建二叉决策树的过程,对回归树用平方误差最小化准则,对分类树用基尼指数最小化准则,进行特征选择,生成二叉树。

6.2.2 分类树的生长过程

CART 的生长过程本质上是对训练样本集的反复分组过程,涉及的两个问题是:① 如何从众多输入变量中选择当前最佳分组变量;② 如何从分组变量的众多取值中找到一个最佳分割点。

最佳分组变量和最佳分割点应是使输出变量异质性下降最快的变量和分割点。CART 包括分类树和回归树,因其研究的输出变量类型不同,故测度输出变量异质性的指标也不同。为此,下面将分别进行讨论。

分类树用基尼指数选择最优特征,同时决定该特征的最优二值切分点。

1. 基尼指数

在分类过程中,假设有 K 个类,样本点属于第 k 个类的概率为 p_k,则概率分布的基尼指数定义为

$$\text{Gini}(p) = \sum_{k=1}^{K} p_k(1-p_k) = 1 - \sum_{k=1}^{K} p_k^2$$

其中,k 为输出变量的类别数。对于二类分类问题,若样本点属于第 1 个类的概率是 p,则概率分布的基尼指数为

$$\text{Gini}(p) = 2p(1-p)$$

对于给定的样本集合 D,其基尼指数为

$$\text{Gini}(D) = 1 - \sum_{k=1}^{K} \left(\frac{|C_k|}{|D|}\right)^2$$

其中,C_k 是 D 中属于第 k 类的样本子集。

如果样本集合 D 根据特征 A 是否取某一可能值 a 被分割成 D_1 和 D_2 两部分,即

$$D_1 = \{(x,y) \in D \mid A(x) = a\}, D_2 = D - D_1$$

则在特征 A 的条件下,集合 D 的基尼指数定义为

$$\text{Gini}(D,A) = \frac{|D_1|}{|D|}\text{Gini}(D_1) + \frac{|D_2|}{|D|}\text{Gini}(D_2)$$

基尼指数 $\text{Gini}(D)$ 表示集合 D 的不确定性，基尼指数 $\text{Gini}(D,A)$ 表示经 $A=a$ 分割后集合 D 的不确定性。基尼指数越大，样本集合的不确定性越大。

2. 分类树生成算法

输入：训练数据集 D，停止计算的条件。

输出：CART 决策树。

根据训练数据集，从根结点开始，递归地对每个结点进行以下操作，构建二叉决策树：

(1) 设节点的训练数据集为 D，计算现有特征对该数据集的基尼系数。此时，对每个特征 A，对其可能取得的每一个值 a，根据样本点 $A=a$ 的测试为"是"或"否"将 D 分成 D_1 和 D_2 两部分，计算 $A=a$ 时的基尼指数。

(2) 在所有可能的特征 A 以及它们所有可能的切分点 a 中，选择基尼指数最小的特征及其对应的切分点作为最优特征与最优切分点，依据最优特征与最优切分点，由现节点生成两个子节点，将训练数据集依特征分配到两个子节点中去。

(3) 对两个子节点递归地调用步骤(1)和步骤(2)，直至满足停止条件。

(4) 生成 CART 决策树。

算法停止计算的条件是节点中的样本个数小于预定的阈值，或样本集的基尼指数小于预定的阈值(样本基本属于同一类)，或者没有更多特征。

6.2.3 回归树的生长过程

回归树确定当前最佳分组变量的策略与分类树类似，也需对数值型输入变量分组，对分类型数据变量生成"超类"。由于回归树的输出变量为数值型，故方差是最理想的指标。

假设 X 与 Y 分别是输入和输出变量，并且 Y 是连续变量，给定训练数据集 $D=\{(x_1,y_1),(x_2,y_2),\cdots,(x_N,y_N)\}$。假设已将输入空间划分为 M 个单元 $R_1,R_2,\cdots,R_M$，并且在每个单元 R_m 上有一个固定的输出值 c_m，于是回归树模型可定义为

$$f(x) = \sum_{m=1}^{M} c_m I(x \in R_m)$$

当输入空间的划分确定时，可以用平方误差 $\sum_{x_i \in R_m}(y_i - f(x_i))^2$ 来表示回归树对于训练数据的预测误差，用平方误差最小的准则求解每个单元上的最优输出值。易知，单元 R_m 上的 c_m 的最优值 $\hat{c}_m$ 是 R_m 上所有输入实例 x_i 对于输出 y_i 的均值，即

$$\hat{c}_m = \text{ave}(y_i \mid x_i \in R_m)$$

问题是怎样对输入空间进行划分，这里采用启发式的方法，选择第 j 个变量 $x^{(j)}$ 和它取的值 s 作为切分变量和切分点，并定义两个区域：

$$R_1(j,s) = \{x \mid x^{(j)} \leqslant s\}, \quad R_2(j,s) = \{x \mid x^{(j)} > s\}$$

然后寻找最优切分变量 j 和最优切分点 s。具体地，求解

$$\min_{j,s}\left[\min_{c_1}\sum_{x_1 \in R_1(j,s)}(y_i - c_1)^2 + \min_{c_2}\sum_{x_1 \in R_2(j,s)}(y_i - c_2)^2\right]$$

对固定输入变量 j 可以找到最优切分点 s，即

$$\hat{c}_1 = \mathrm{ave}(y_i | x_i \in R_1(j,s)), \hat{c}_2 = \mathrm{ave}(y_i | x_i \in R_2(j,s))$$

遍历所有输入变量,找到最优切分变量 j,构成一个对 (j,s),依次将输入空间划分为两个区域。接着,对每个对每个区域重复上述划分过程,直到满足停止条件为止。这样就生成了一棵回归树,这样的回归树通常被称为最小二乘树。

6.2.4 CRAT 的剪枝

决策树充分生长后会变成一棵极为茂盛的大树,但充分生长的大树并不是一棵预测新数据对象的最佳树,其原因是完整的决策树对训练样本特征的描述可能"过于精确"。

从决策树建立的过程看,随着决策树的生长,所处理的样本量不断减少,决策树对数据总体规律的代表程度在不断下降。在根节点上,确定分枝准则时,处理对象是训练样本集中的全体观测数据,此时样本量最大。当第二层分枝形成后,全部观测被分成若干组,于是再下层的分枝准则将基于各分组内的样本,样本量相对第一层根节点要少许多。这样的过程会不断重复,后续分枝准则的确定依据是分组又分组再分组后的极少样本。可见,随着决策树的生长和样本量的不断减少,越深层处的节点所体现的数据特征就越显个性化,一般性就越差。

虽然完整的决策树能够准确反映训练样本集中数据的特征,但很可能因其失去一般代表性而无法用于对新数据的预测,这种现象在数据挖掘中称为过拟合(over-fitting)。

解决这个问题的主要方法是决策树修剪。常用的修剪技术有预修剪和后修剪两种。预修剪技术主要用来限制决策树的充分生长,后修剪技术则是待决策树生长到一定程度后再进行剪枝。分类回归树采用预修剪和后修剪相结合的方式剪枝。

预修剪目标是控制决策树充分生长,可以事先指定一些控制参数。具体包括:①决策树最大深度。如果决策树的层数已经达到指定深度,则停止生长。②树中父节点和子节点所包含的最小样本量或比例。对于父节点,如果节点所包含的样本量已低于最小样本量或比例,则不再分枝;对于子节点,如果分组后生成的子节点所包含的样本量低于最小样本量或比例,则上层不必进行分枝。③树节点中输出变量的最小异质性减少量。如果分枝后所产生的输出变量异质性变化量小于一个指定值,则不必再进行分枝。

预修剪技术能够有效阻止决策树的充分生长,但要求对变量取值分布有比较清晰的把握,参数需反复尝试。否则,很可能因参数值不合理而导致决策树深度过浅,使得决策树的代表性"过于一般",同样也无法实现对新数据的准确预测。

后修剪技术从另一个角度解决过拟合问题。它允许决策树充分生长到一定程度,然后根据一定的规则,剪去决策树中那些不具一般代表性的子树,使决策树变小(模型变简单),从而能够对未知的数据有更准确地预测,是一个边修剪边检验的过程。用户可以事先指定一个允许的最大预测误差值。剪枝过程将不断计算当前决策子树对输出变量的预测误差。当误差高于允许的最大值时,则应立即停止剪枝,否则可以继续剪枝。

分类回归树采用的后修剪技术称为最小代价复杂度剪枝法(minimal cost complexity pruning,MCCP)。最小代价复杂度剪枝法有这样的基本考虑:首先,复杂的决策树虽然对训练样本有很好的预测精度,但在测试样本和未来新样本上不会有令人满意的预测效果;其次,理解和应用一棵复杂的决策树是一个复杂过程。因此,决策树剪枝的目标是希望得到一棵"大小恰当"的树,它首先具有一定的预测精度,同时复杂度恰当。

通常,预测的高精度往往是以决策树的高复杂度为代价的,而简单易应用的决策树又无法达到令人满意的预测效果。因此,决策树修剪中复杂度和精度(或误差)之间的权衡是必要的,既要尽量使决策子树没有很高的复杂度,又要保证修剪后的决策子树的预测误差不明显高于复杂的决策树。一般可借助叶子节点的个数测度决策树的复杂程度,通常叶子节点个数与决策树的复杂程度成正比。

CART 剪枝算法由两步组成:①从生成算法产生决策树 T_0 的底端开始不断剪枝,直到 T_0 的根节点,形成一个子序列 $\{T_0, T_1, \cdots, T_n\}$;②通过交叉验证法在独立的验证数据集上对子树序列进行测试,从中选择最优子树。

通过 CART 生成的树,记为 T_0,然后从 T_0 的底端开始剪枝,直到根节点。在剪枝的过程中,如果将决策树的预测误差看作代价,以叶子节点的个数作为复杂程度的度量,则决策树 T 的代价复杂度函数 $C_\alpha(T)$ 定义为

$$C_\alpha(T) = C(T) + \alpha \mid T \mid$$

其中,$C(T)$ 为训练数据的预测误差,分类树中为错判率,回归树中为均方误差;$\mid T \mid$ 为叶子节点数目;α 为复杂度参数(complexity parameter,CP),表示每增加一个叶子节点所带来的复杂度,$\alpha \geqslant 0$。

α 通常存在三种情况:①当 α 等于 0 时,表示不考虑复杂度对 $C_\alpha(T)$ 的影响,基于最小代价复杂度原则,算法倾向于选择叶子节点最多的决策树,因为此时的预测误差是最小的;②当 α 逐渐增大时,复杂度对 $C_\alpha(T)$ 的影响也随之增加;③当 α 足够大时,$C(T)$ 对 $C_\alpha(T)$ 的影响可以忽略,此时算法倾向于选择只有一个根节点的决策树,因为它的复杂度最低。因此应选择恰当的 α,权衡误差和复杂度,使 $C_\alpha(T)$ 达到最小。

当判断能否剪掉一个中间节点 $\{t\}$ 下的子树 T_t 时,应计算中间节点 $\{t\}$ 及其子树 T_t 的代价复杂度。树结构如图 6-2 所示。

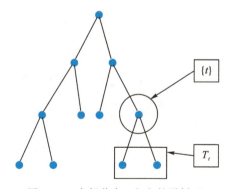

图 6-2 内部节点 t 和它的子树 T_t

首先,对中间节点 $\{t\}$ 的代价复杂度 $C_\alpha(T)$ 进行测度,定义为:$C_\alpha(\{t\}) = C(t) + \alpha$。式中,$C(t)$ 为中间节点 $\{t\}$ 在测试样本集上的预测误差。中间节点 $\{t\}$ 的代价复杂度可看作减掉其所有子树 T_t 后的代价复杂度。

其次,中间节点 $\{t\}$ 的子树 T_t 的代价复杂度 $C_\alpha(T_t)$ 定义为:$C_\alpha(T_t) = C(T_t) + \alpha \mid \tilde{T}_t \mid$。如果中间节点 $\{t\}$ 的代价复杂度大于其子树的代价复杂度,即 $C_\alpha(\{t\}) > C_\alpha(T_t)$,则应该保留子树 T_t,此时有 $\alpha < \dfrac{C(t) - C(T_t)}{\mid \tilde{T}_t \mid - 1}$;当 $\alpha = \dfrac{C(t) - C(T_t)}{\mid \tilde{T}_t \mid - 1}$ 时,中间节点 $\{t\}$ 的代价复杂度

等于子树 T_t，从减少复杂度角度出发，应剪掉子树 T_t；当 $\alpha > \dfrac{C(t) - C(T_t)}{|\tilde{T}_t| - 1}$ 时，中间节点 $\{t\}$ 的代价复杂度小于子树 T_t，应剪掉子树 T_t。

基于这样的思路，$\dfrac{C(t) - C(T_t)}{|\tilde{T}_t| - 1}$ 越小（且小于某个指定的 α），说明 $\{t\}$ 的代价复杂度比子树 T 的代价复杂度小得越多，剪掉子树 T_t 越有把握。因此，关键问题是如何确定 α。

如何找到使代价复杂度函数最小的 α 呢？依次遍历生成树的每一个内部节点，分别计算剪掉该内部节点和不剪掉该内部节点时的整体代价复杂度函数，当这两种情况的代价复杂度函数相等时，我们可以得到一个 α，此 α 表示当前需要剪枝的最小 α。这样每个内部节点都能计算出一个 α，此 α 表示整体代价复杂度函数减少的程度。

那么，选择哪个 α 来对生成树进行剪枝呢？我们选择上面计算出的最小的 α 来进行剪枝。假如我们选择的不是最小的 α 进行剪枝的话，则至少存在两处可以剪枝的内部节点，这样剪枝后的代价复杂度函数必然会比只剪枝一处的代价要大。为了使得代价复杂度函数最小，应选最小的 α 来进行剪枝。

在选出 α 之后，我们就需要计算该 α 对应地使代价复杂度函数最小的子树。即从树的根节点出发，逐层遍历每个内部节点，计算每个内部节点处是否需要剪枝。剪枝完之后的树便是我们所需要的树。

6.3 案例：沪深 300 指数趋势分类预测的 Python 实战

6.3.1 决策树的 Python 函数

1. 构建决策树模型的函数

在 Python 中，首先使用 pip 安装 sklearn 机器学习模块，决策树模型主要通过 sklearn 模块中的 tree 类完成。一般来说，首先使用 sklearn.tree.DecisionTreeClassifier() 函数构建一个决策树模型，默认使用 CART 算法，然后再调用该类的 fit() 函数从训练集中构建一个决策树，从而得到决策树模型的结果。以下列举了对构建决策树模型非常有用的函数。

(1) tree.DecisionTreeClassifier()：建立决策树模型，并设置决策树模型参数。

(2) DecisionTreeClassifier.fit()：从训练集中构建一个决策树。

(3) DecisionTreeClassifier.predict()：测试集预测。

(4) DecisionTreeClassifier.predict_proba()：决策树预测概率，用来判断数据属于哪一类。

(5) DecisionTreeClassifier.feature_impertances_：获取各个特征值的重要性，取值越大越重要。

(6) tree.export_graphviz()：导出决策树图。

2. sklearn.tree.DecisionTreeClassifier() 函数

下面对 sklearn.tree.DecisionTreeClassifier() 函数基本书写格式及参数进行详细说明。其基本书写出格式如下

> sklearn.tree.DecisionTreeClassifier(criterion='gini', splitter='best', max_depth=None, min_samples_split=2, min_samples_leaf=1, min_weight_fraction_leaf=0.0, max_features=None, random_state=None, max_leaf_nodes=None, min_impurity_decrease=0.0, min_impurity_split=None, class_weight=None, presort='deprecated', ccp_alpha=0.0)

(1) criterion：选择节点划分质量的度量标准，默认使用"gini"，即基尼系数，基尼系数是CART算法中采用的度量标准。该参数还可以设置为"entropy"，表示信息增益，是C4.5算法中采用的度量标准。

(2) splitter：结点划分时的策略，默认使用"best"。"best"表示依据选用的criterion标准，选用最优划分属性来划分该节点，一般用于训练样本数据量不大的场合，因为选择最优划分属性需要计算每种候选属性下划分的结果。该参数还可以设置为"random"，表示最优的随机划分属性，一般用于训练数据量较大的场合，可以减少计算量，但是具体如何实现最优随机划分暂时不太明白，这需要查看该部分的源码。

(3) max_depth：设置决策树的最大深度，默认为None。None表示不对决策树的最大深度作约束，直到每个叶子结点上的样本均属于同一类，或者少于min_samples_split参数指定的内部节点上的样本个数。

(4) min_samples_split：当对一个内部节点分割时，设置该节点上的最小样本数，默认为2。

(5) min_samples_leaf：设置叶子节点上的最小样本数，默认为1。当尝试划分一个节点时，只有划分后其左右分支上的样本个数不小于该参数指定的值时，才考虑将该节点划分，换句话说，当叶子结点上的样本数小于该参数指定的值时，则该叶子节点及其兄弟节点将被剪枝。在样本数据量较大时，可以考虑增大该值，提前结束树的生长。

(6) min_weight_fraction_leaf：在引入样本权重的情况下，设置每一个叶子节点上样本的权重和的最小值，一旦某个叶子节点上样本的权重和小于该参数指定的值，则该叶子节点会联同其兄弟节点被减去，即其父节点不进行划分。该参数默认为0，表示不考虑权重的问题。若样本中存在较多的缺失值，或样本类别分布偏差很大时，会引入样本权重，此时就要谨慎设置该参数。

(7) max_features：当寻找最佳分割属性时，设置允许搜索的最大属性个数，默认为None。假设训练集中包含的属性个数为n，如果max_features设为None，那么max_features $= n$，也就是所有特征都用；如果max_features设为auto，那么max_features $=$ sqrt(n)；如果max_features设为sqrt，那么max_featrues $=$ sqrt(n)，跟auto一样；如果max_features设为log2，那么max_features $=$ log2(n)。一般来说，如果样本特征数不多，比如小于50，我们用默认的"None"就可以了，如果特征数非常多，可灵活使用刚才描述的其他取值来控制划分时考虑的最大特征数，以控制决策树的生成时间。

(8) random_state：当将参数splitter设置为best时，可以通过该参数设置随机种子，默认为None，表示总是随机寻找分割属性。

(9) max_leaf_nodes：设置决策树的最大叶子节点个数，该参数与max_depth等参数一起，限制决策树的复杂度，默认为None，表示不加限制。

(10) min_impurity_decrease：当分割一个内部节点时，只有当分割后不纯度的减少量大于或等于该参数指定的阈值时，才会对该节点进行划分，默认值为 0。用户可以通过设置该参数来提前结束树的生长。

(11) min_impurity_split：当分割一个内部节点时，只有当该节点上的不纯度超过该参数指定的阈值时，才会对该节点进行划分，默认为 None。

(12) class_weight：设置样本数据中每个类的权重，这里权重是针对整个类的数据设定的，默认为 None，即不施加权重。用户可以用字典型或者字典列表型数据指定每个类的权重，假设样本中存在 4 个类别，可以按照[{0∶1，1∶1}，{0∶1，1∶5}，{0∶1，1∶1}，{0∶1，1∶1}]这样的输入形式设置 4 个类的权重分别为 1、5、1、1。该参数还可以设置为 balance，此时系统会按照输入的样本数据自动计算每个类的权重，计算公式为：n_samples /（n_classes×np.bincount(y)），其中 n_samples 表示输入样本总数，n_classes 表示输入样本中类别总数，np.bincount(y) 表示属于每个类的样本个数，可以看出，属于某个类的样本个数越多时，该类的权重越小。

(13) presort：设置对训练数据进行预排序，以提升节点最优划分属性的搜索能力，默认为 False。在训练集较大时，预排序会降低决策树构建的速度，不推荐使用，但训练集较小或者限制树的深度时，使用预排序能提升树的构建速度。

(14) ccp_alpha：设置最小代价复杂度后剪枝中的 CP 值，当子树的最大代价复杂度小于该参数指定的值时，则该子树被确定为最佳子树的最终剪枝结果。该参数的默认值为 0，当该参数采用默认值时，则不执行修剪，此时的决策树是满足预修剪参数下的未经后修剪的最大树，实际应用中这棵树可能过于茂盛。

6.3.2 选取股票数据

在实际中，决策树一般有两方面应用：一是直接用于预测，二是借助决策树的实现图形寻找规律。第一种应用很好理解，和大多数模型一样，建立模型预测。第二种应用是基于决策树的原理与人类思考接近。决策树的实现过程本来就是纯化子集的过程，生成决策树后，它的每一个叶子都应该是比较纯净的，以及它可以找到在某些特征条件下结论较为一致的情境。研究者可以根据决策树找到一些纯净度比较高的情境，省去大量找规律的时间。

接下来举个简单的例子展示决策树在实际股市分析预测中的运用。我们使用决策树预测沪深 300 指数的涨跌，选取市场平均数据"PCF""turnover_ratio""PE_rate""PB_rate""PS_rate"，以及宏观数据"pmi""pmi_rate""leading_idx_rate""M1_rate""M2_rate""CPI_rate""GDP _ rate"" LOAN6MONTH "" LARGEFINANCIAL "" SMALLFINANCIAL "" dcg""URUR"，使用决策树算法对沪深 300 指数的涨跌进行预测，预测结果有四种类别："下跌大于 5％""下跌介于 5％与 0％之间""上涨介于 0％和 5％""上涨大于 5％"，取值分别对应于－2、－1、1、2。

我们以 2015 年 5 月到 2018 年 11 月沪深 300 指数的全部月数据为研究对象，以其中 70％数据做训练，30％数据做测试，建立决策树模型。所有宏观数据都根据发布时间取滞后两个月或者一个季度的数据来做预测，以确保实际中可以取到这些值。具体代码如下

```
In [1]: #导入需要的数据包
        import pandas as pd
        import numpy as np
        from pandas.core.frame import DataFrame
        from sklearn import tree
        import pydotplus
        from sklearn.externals.six import StringIO
        from IPython.display import Image, display
        from sklearn.metrics import confusion_matrix
        from sklearn.metrics import classification_report
        from itertools import product
In [2]: #读取文件数据
        data_df = pd.read_csv("data.csv", encoding='UTF-8')
In [3]: #预测结果有四种类别:'下跌大于5%','下跌介于5%与0%之间','上涨介于
        0%和5%','上涨大于5%',取值分别对用于:-2,-1,1,2
        response = ['change_rate_quant']
        #选取市场平均和宏观数据因子
        Predictors = ['PCF', 'turnover_ratio', 'PE_rate', 'PB_rate', 'PS_rate', 'pmi
        ', 'pmi_rate', 'leading_idx_rate', 'M1_rate', 'M2_rate', 'CPI_rate', 'GDP_rate
        ', 'LOAN6MONTH', 'LARGEFINANCIAL', 'SMALLFINANCIAL', 'dcg', '
        URUR']
        data = data_df[response+predictors]


        #随机抽样,将70%数据放入训练集和30%数据放入测试集
        train = data.sample(frac=0.7, random_state=1)
        test = data[data.index.isin(train.index)==False].copy()
        X_train = train[predictors]
        X_test = test[predictors]
        y_train = train[response]
        y_test = test[response]
```

6.3.3 构建决策树模型

我们通过调用 tree.DecisionTreeClassifier() 函数构建决策树模型,其中,criterion 参数决定判断节点纯度的方法,以下代码使用 CART 方法的默认参数"gini"确定叶数据纯度,并要求决策树的最大深度为5,节点上的最小样本数为3,每片叶子节点最小样本数为2。决策树的参数一般依情况而定,可以根据需要不断调整。对于决策树,初学者一般限定树深度即可,其他设置可使用默认参数。具体代码如下

In [4]: #建立深度为5的决策树模型,叶子节点上的最小样本数为2,节点上的最小样本数为3

DecisionTree_res = tree. DecisionTreeClassifier(max_depth=5, min_samples_leaf=2, min_samples_split=3)

DecisionTree_res.fit(X_train, y_train)

Out[4]:
DecisionTreeClassifier(ccp_alpha=0.0, class_weight=None, criterion='gini',
　　　　　　　　　　　max_depth=5, max_features=None, max_leaf_nodes=None,
　　　　　　　　　　　min_impurity_decrease=0.0, min_impurity_split=None,
　　　　　　　　　　　min_samples_leaf=2, min_samples_split=3,
　　　　　　　　　　　min_weight_fraction_leaf=0.0, presort='deprecated',
　　　　　　　　　　　random_state=None, splitter='best')

In [5]: #检测模型的有效性

DecisionTree_res.score(X_train, y_train)

Out[5]: 0.896551724137931

在这里,我们以测试第2个数据作为例子,将例子数据中的各个特征值代入已建立好的决策树模型 DecisionTree_res 中,调用 predict 函数预测该例子的股票上涨下跌类别。从程序情况可见,预测结果与真实值相同。具体代码如下

In [6]: #假如要预测第2个测试数据的值,第2个样本的各个属性,在这可以看到有17个属性

X_train[1:2]

Out[6]:

	PCF	turnover_ratio	PE_rate	PB_rate	PS_rate	pmi	pmi_rate	leading_idx_rate	M1_rate	M2_rate	CPI_rate	GDP_rate
2	7.571805	1.250121	-0.022999	-0.0621	-0.013478	52.9	-0.067019	0.003424	0.012773	0.008419	0.0	1.115056

In [7]: #预测,结果是第1类

prediction = DecisionTree_res.predict(X_train[1:2])

prediction

Out[7]: array([1], dtype=int64)

In [8]: #真实值也是第1类,结果正确

truth = y_train[1:2]

truth

Out[8]:

	change_rate_quant
2	1

predict_proba()函数可以用来观察决策树判断的依据。决策树的结论是:这一数据属于−2、−1、1、2的概率分别为0、0、1、0,选取最大概率,这一数据被认为属于第1类。具体代码如下

In [9]: #用于观察结果的可能性,由图可知因为这个项属于−2,−1,1,2的概率分别为0,0,1,0,属于1类的概率最大,决策树把他归入1类

class_probabilities = DecisionTree_res.predict_proba(X_train[1:2])

class_probabilities

Out[9]: array([[0., 0., 1., 0.]])

feature_importances_值可获取各个股票因子的重要性,取值越大越重要。结论显示第1、2、5、6、8、13个因子决定了股票上涨下跌类别的判断,其他因子未参与判断。具体代码如下

In [10]: #用于展示不同因子的重要性,此处可知第1、2、5、6、8、13个因子决定了这一判断,其他因子未参与判断
DecisionTree_res.feature_importances_

Out[10]: array([0.12691572, 0.21405552, 0.   , 0.   , 0.12305516,
                0.32732673, 0.   , 0.16270627, 0.   , 0.   ,
                0.   , 0.   , 0.04594059, 0.   , 0.   ,
                0.   , 0.   ])

6.3.4 绘制决策树图

我们可以通过调用 tree.export_graphviz() 函数把决策树图形结果输出,具体代码如下

In [11]: #建立缓存变量 f
f = StringIO()
#把决策树 DecisionTree_res 的图形结果输出,仍进缓存 f 中
tree.export_graphviz(DecisionTree_res, out_file=f)
#取出缓存,画图
graph = pydotplus.graph_from_dot_data(f.getvalue())
#将图片保存进本地文件中
graph.write_png("tree.png")
#画出决策树
display(Image(graph.create_png()))

决策图如图 6-3 所示。

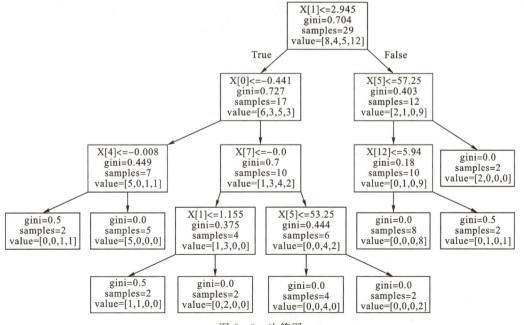

图 6-3 决策图

输入上述代码,即可使用计算机自动生成决策树图解,其叶片都是比较纯净的子集,可以帮助我们发现规律。图6-3是决策树的整个图解,从中可以挖掘到一些特征,如最右边的叶表示当市场平均的turnover_ratio≤2.945,pmi≤57.25时,历史上2次这种情况下沪深300指数都发生了大跌。

我们选取沪深300指数的全部月数据的30%做测试数据,来验证决策树的有效性。使用建立好的决策树模型得到上涨下跌四种类别的混淆矩阵如表6-1所示。

表6-1 混淆矩阵

实际变化/预测	<-0.5%	[-0.5%,0%)	[0%,0.5%]	>0.5%
<-0.5%	2	0	1	0
[-0.5%,0%)	0	1	1	2
[0%,0.5%]	1	0	2	2
>0.5%	0	0	0	1

具体代码如下

```
In [12]: #得到预测结果
    prediction = DecisionTree_res.predict(X_test)
    #输出预测结果统计
    print(confusion_matrix(prediction, y_test))
    print(classification_report(y_test, prediction, digits=3))
    print("The table finished")

[[2 0 1 0]
 [0 1 1 2]
 [1 0 2 2]
 [0 0 0 1]]
              precision    recall  f1-score   support
          -2      0.667     0.667     0.667         3
          -1      0.250     1.000     0.400         1
           1      0.400     0.500     0.444         4
           2      1.000     0.200     0.333         5

    accuracy                          0.462        13
   macro avg      0.579     0.592     0.461        13
weighted avg      0.681     0.462     0.450        13

The table finished
```

从验证结果可以看出,-2、-1、1、2四种类别的预测准确率分别为0.667、0.250、0.400、1.000。可见,构建的决策树模型精度很差,只是略高于一半而已。因此,简单的决策树过于基础,其识别能力有限,用于预测股市显然很一般。

不过,决策树是很多机器学习方法的基石,其改进模型往往会有较好的表现。此外,决策树便于可视化,它产生的分布图可以用于数据研究。例如,决策树的每一片叶都是相对比较纯净的数据集,使用者可以抽出一些纯度比较高的叶来研究为何在训练集中这些叶上的数据集纯度较高,从而发现新规律。

决策树理论简单,易于理解,在数据可视化、利用计算机寻找数据规律中有不小的作用。但其模型过于简单,对于复杂的模型来说一般只是优于线性模型而已,对比其他算法并没有太大优势,其简单的结构也不能充分利用目前强大的计算机计算能力,已经不怎么活跃了。但是,作为极易可视化、逻辑清晰的一种白盒算法,其不仅活跃于数据研究,而且也是其他高级算法的基石。决策树的两个主要改进方向是随机森林和 boosting,下面重点介绍随机森林。

6.4 随机森林

6.4.1 随机森林原理

Random Forest(随机森林)是最早由加州大学的里奥·布瑞曼(Leo Breiman)和阿黛尔·卡特勒(Adele Cutler)于 2001 年发表的论文中提出的一种新的机器学习算法。随机森林在以决策树为基学习器构建 Bagging 集成的基础上,进一步在决策树的训练过程中引入随机属性的选择。随机森林算法简单、易于实现、计算开销小,在很多现实任务中展现出了强大的性能。它主要被用于模型的分类、聚类、回归等方面。简单来说,随机森林算法就是通过训练多个决策树,生成模型,最终通过多棵决策树综合投票得出结果。随机森林通过从总的训练集中有放回的抽取出来的子集构成每棵决策树使用的训练集。对于有些训练集来说,可能会多次出现在不同的树上,但有的一次也不会出现。对所有特征按一定比例进行随机无放回的抽样,可以提升训练节点的准确度。

随机森林是由很多决策树分类模型组成的组合分类模型,每个决策树分类模型都有一票投票权来选择最优的分类结果。每棵树的预测结果可能都不尽如人意,但是如果有多个树,让这些树投票选出最有可能的分类结果或者对于所有树的结果取均值得到回归结果,那么预测就会更准确。

随机森林分类的基本思想:首先,利用 bootstrap 抽样从原始训练集中抽取 K 个样本,每个样本的样本容量都与原始训练集一样;其次,对 K 个样本分别建立 K 个决策树模型,得到 K 种分类结果;最后,根据 K 种分类结果对每个记录进行投票表决,决定其最终分类。其示意图如图 6-4 所示。

随机森林的关键参数如下:

①n_estimators(int):树的个数,个数越多,则模型越复杂,计算速度越慢。
②max_features(str):新建节点时,最多考虑的特征个数。
③max_depth(int):每棵树的最大深度,数值大拟合能力强,数值小泛化能力强。
④min_samples_leaf(int):每个叶子节点最少样本数,数值大泛化能力强,数值小拟合能力强。
⑤n_jobs(int):并行度,同时使用多少个进程进行计算,最多是 4。

此外,在建立每个决策树过程中,除了使用 bootstrap 方法随机选择测试样本之外,还会

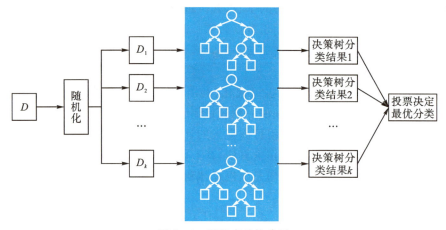

图 6-4 随机森林构建图

随机选择特征变量,这样就可以降低树与树之间的相关系数。最后,依然是通过统计投票结果确定最后的分类信息。随机森林也是一种特定的集成方法,特别适合解决含有大量特征变量的问题。在其他模型中,一个特征变量的效果可能会被其他更显著的特征变量所掩盖,但随机森林在每棵决策树上使用随机选择的特征变量进行训练,这样可以更好地检测每个变量所产生的贡献和行为。相对于单棵决策树而言,随机森林在提高预测准确度和减小方差方面有了很大提升。

随机森林的训练过程包括如下步骤:

①用 N 来表示训练用例(样本)的个数, M 表示特征数目。

②输入特征数目 m, 用于确定决策树上一个节点的决策结果。其中, m 应远小于 M 。

③从 N 个训练用例(样本)中以有放回抽样的方式,取样 N 次,形成一个训练集(即 bootstrap 取样),并用未抽到的用例(样本)作预测,评估其误差。

④对于每一个节点,随机选择 m 个特征,决策树上每个节点的决定都是基于这些特征确定的。根据这 m 个特征,计算其最佳的分裂方式。

⑤每棵树都会完整成长而不会剪枝,这有可能在建完一棵正常树状分类器后被采用。

6.4.2 随机森林构建

随机森林具体如何构建呢?其包含两个方面:数据的随机选取,以及待选特征的随机选取。

1. 数据的随机选取

首先,从原始的数据集中采取有放回的抽样,构造子数据集,子数据集的数据量和原始数据集是相同的。不同子数据集的元素可以重复,同一个子数据集中的元素也可以重复。其次,利用子数据集来构建子决策树,将这个数据放到每个子决策树中,每个子决策树输出一个结果。最后,如果有了新的数据需要通过随机森林得到分类结果,就可以通过对子决策树的判断结果的投票,得到随机森林的输出结果。如图 6-5 所示,假设随机森林中有 3 棵子决策树,2 棵子树的分类结果是 A 类,1 棵子树的分类结果是 B 类,那么随机森林的分类结果就是 A 类。

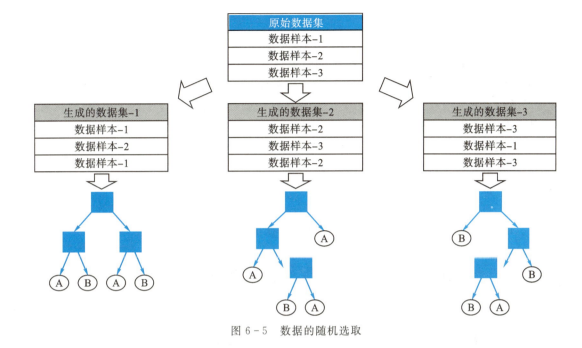

图 6-5 数据的随机选取

2. 待选特征的随机选取

与数据集的随机选取类似,随机森林中的子树的每一个分裂过程并未用到所有的待选特征,而是从所有的待选特征中随机选取一定的特征,之后再在随机选取的特征中选取最优的特征。这样能够使得随机森林中的决策树都彼此不同,提升系统的多样性,从而提升分类性能。

图 6-6 中,黑色的方块代表所有可以被选择的特征,也就是待选特征。蓝色的方块是分裂特征。左边是一棵决策树的特征选取过程,通过在待选特征中选取最优的分裂特征,完成分裂。右边是一个随机森林中的子树的特征选取过程。

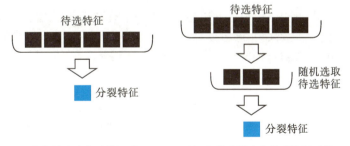

(a)决策树选取分裂特征过程　　(b)随机森林子树选取分裂特征过程

图 6-6 待选特征的随机选取

6.4.3 随机森林方法的优缺点

随机森林采用 Bagging 和 Randomization 结合的方法从随机选择的部分属性中挑选最佳属性对内部节点进行属性分裂,在保证单棵树分类效能的同时,减少了各分类树之间的相关度,降低过拟合情况产生的可能,降低了噪声的影响,进而提高组合分类器的性能。

1. 随机森林的优点

(1) 随机森林可以用来解决分类和回归问题,可以同时处理分类和数值特征。

(2) 随机森林在数据量比较大的时候运行速度仍然很快,并且可以自行处理缺失值的问题,在其算法内部有补充缺失值的函数。

(3) 随机森林具有抗过拟合能力,易于实现而且准确率较高。通过平均决策树,随机森林不容易出现过度拟合的情况。

(4) 随机森林只有在半数以上的基分类器出现差错时才会做出错误的预测。随机森林非常稳定,即使数据集中出现了一个新的数据点,整个算法也不会受到过多影响,它只会影响到一棵决策树,很难对所有决策树产生影响。

(5) 由于可以随机选择决策树节点划分特征,所以即使样本维度很高,随机森林算法也不用降维。由于采用了随机采样,所以随机森林训练出的模型方差小,泛化能力强。

2. 随机森林的缺点

(1) 如果一些分类/回归问题的训练数据中存在噪声,随机森林中的数据集可能会陷入过度拟合的情况。

(2) 随机森林算法比决策树算法更复杂,计算成本更高。

(3) 由于随机森林本身的复杂性,它们比其他类似的算法需要更多的时间来训练。

(4) 若是模型中存在取值划分比较多的特征,容易对随机森林的决策产生更大的影响,从而影响拟合的模型的效果。

6.5 案例:上证综指预测的 Python 实战

6.5.1 随机森林的 Python 函数

以上介绍了随机森林的工作原理,在 Python 环境下,我们可以利用 sklearn 模块构建随机森林模型。首先使用 pip 安装 sklearn 机器学习模块,随机森林模型主要通过 sklearn 模块中的 ensemble 类完成。一般来说,随机森林算法既可以运用于分类问题(随机森林分类),也可以运用于回归问题(随机森林回归)。

1. 构建随机森林模型的函数

本案例是对连续型数据上证综指进行价格预测,是一个回归预测问题,因此,我们选用 sklearn.ensemble.RandomForestRegressor() 函数,首先构建一个随机森林模型,然后调用该类的 fit() 函数从训练集中构建一个决策树,从而得到随机森林模型,最后使用 predict() 函数给出测试集的预测结果。以下列举了对构建随机森林模型非常有用的函数。

(1) ensemble.RandomForestRegressor():建立随机森林模型,并设置随机森林模型参数。

(2) RandomForestRegressor.fit():从训练集中构建一个随机森林。

(3) RandomForestRegressor.predict():给出测试集的预测结果。

(4) RandomForestRegressor.score():随机森林预测概率,用来判断数据属于哪一类。

2. sklearn.ensemble.RandomForestRegressor 函数

下面重点对 sklearn.ensemble.RandomForestRegressor 函数基本书写格式及参数进行详

细说明。其基本书写格式如下

> sklearn.ensemble.RandomForestRegressor(n_estimators=100,criterion='mse',max_depth=None,min_samples_split=2,min_samples_leaf=1,min_weight_fraction_leaf=0.0,max_features='auto',max_leaf_nodes=None,min_impurity_decrease=0.0,min_impurity_split=None,bootstrap=True,oob_score=False,n_jobs=None,random_state=None,verbose=0,warm_start=False,ccp_alpha=0.0,max_samples=None)

(1)n_estimators:整数,可选的(默认值为100)。它是指弱学习器的最大迭代次数,太小,容易欠拟合;太大,又容易过拟合,一般选择一个适中的数值。

(2)criterion:字符串,可选的(默认值为gini)。它是衡量分裂质量的性能函数,默认是基尼不纯度,熵达到峰值的过程要相对慢一些。

(3)max_depth:整数或者无值,可选的(默认值为None)。它是指决策树最大深度,在模型样本量多、特征也多的情况下,推荐限制这个最大深度,具体的取值取决于数据的分布。常用的取值在10至100之间。

(4)min_samples_split:整数,浮点数,可选的(默认值为2)。它是指内部节点再划分所需最小样本数。如果某节点的样本数少于这个值,则不会继续再尝试选择最优特征来进行划分。如果样本量不大,不需要管这个值;如果样本量数量级非常大,则推荐增大这个值。

(5)min_samples_leaf:整数,浮点数,可选的(默认值为1)。它是指叶子节点最少样本数。如果样本量数量级非常大,则推荐增大这个值。

(6)min_weight_fraction_leaf:浮点数,可选的(默认值是0.0)。它是指叶子节点最小的样本权重和。默认值为0.0,就是不考虑权重问题。一般来说,如果较多样本有缺失值,或者分类树样本的分布类别偏差很大,就会引入样本权重,这时就要注意这个值。

(7)max_features:整数,浮点数,字符串或者无值,可选的(默认值为auto)。它是指最大特征数。

(8)max_leaf_nodes:整数或者无值,可选的(默认值为None)。它是指最大叶子节点数。限制最大叶子节点数,可以防止过拟合问题。我们一般以最优的方法使用max_leaf_nodes来生长树。最好的节点被定义为不纯度上的相对减少。如果为None,那么不限制叶子节点的数量。

(9)min_impurity_decrease:浮点数,可选的(默认值为0)。如果节点的分裂导致的不纯度的下降程度大于或者等于这个节点的值,那么这个节点将会被分裂。

(10)min_impurity_split:浮点数,指节点划分的最小不纯度。

(11)bootstrap:布尔值,可选的(默认值为True)。它是指建立决策树时,是否使用有放回抽样。

(12)oob_score:布尔值,可选的(默认值为False),建议用True。袋外分数反映了一个模型拟合后的泛化能力。

(13)n_jobs:整数,可选的(默认值为1)。它用于拟合和预测并行运行的工作(作业)数量。如果值为−1,那么工作数量为电脑CPU的所有内核数量。

(14)random_state:整数,RandomState实例,或者为None,可选的(默认值为None)。它是随机数生成器使用的种子。如果是RandomState实例,random_state就是随机数生成器;如果为None,则随机数生成器是np.random使用的RandomState实例。

(15) verbose:整数,可选的(默认值为 0)。它控制决策树建立过程的冗余度。

(16) warm_start:布尔值,可选的(默认值为 False)。当被设置为 True 时,重新使用之前呼叫的解决方案,用来给全体拟合和添加更多的估计器;反之,仅仅只是为了拟合一个全新的森林。

(17) ccp_alpha:非负浮点数,可选的(默认值为 0.0)。复杂度参数用于最小代价复杂度后剪枝。选择比复杂度参数小的最大代价复杂度子树。默认值为 0.0,当参数选择默认参数,则不执行后剪枝。

6.5.2 构建上证综指数据

接下来的例子展示随机森林在实际股市分析预测中的运用,使用随机森林预测上证综指的收盘价格。采用滚动预测建模方式,以最近 5 天的指数值为输入变量来预测下一天的指数值。我们以 2016 年 1 月 5 日到 2020 年 12 月 31 日之间的上证综指全部月数据为研究对象,以其中 70% 数据做训练集,30% 数据做测试集,建立随机森林模型。从建模的原始时序数据中选取 844 个数据构建随机森林模型训练集,并采用 Python 库 Pandas 中的 DataFrame 对象来表示,大小为(844×6),以剩余的 362 个数据构建测试集,对应的 DataFrame 对象大小为(362×6)。具体代码如下:

```
In [1]:   # 导入需要的数据包
          import pandas as pd
          import numpy as np
          from sklearn.model_selection import cross_val_score
          from sklearn.preprocessing import LabelEncoder
          from sklearn import linear_model
          from sklearn import ensemble
          import matplotlib.pyplot as plt
In [2]:   # 读取文件数据
          TRD_Index = pd.read_table('TRD_Index.txt',sep='\t')
          # 获取上证综指数据
          SHindex = TRD_Index[TRD_Index.Indexcd==1]
          SHRet = SHindex.Clsindex
          SHindex.head()
```

Out[2]:

	Indexcd	Trddt	Daywk	Opnindex	Hiindex	Loindex	Clsindex	Retindex
0	1	2016-01-05	1	1849.020	1880.716	1844.094	1880.716	0.032904
1	1	2016-01-06	2	1878.827	1938.690	1871.971	1937.145	0.030004
2	1	2016-01-07	3	1938.974	1948.233	1920.515	1924.012	-0.006780
3	1	2016-01-08	4	1890.242	1894.171	1862.263	1878.181	-0.023821
4	1	2016-01-09	5	1875.164	1909.349	1875.164	1904.861	0.014205

In [3]: # 构造最近5天上证综指收盘价格数据预测第6天的价格
li = list(SHRet)
d = {'p1': li[0:len(li)-5], 'p2': li[1:len(li)-4], 'p3': li[2:len(li)-3], 'p4':
li[3:len(li)-2], 'p5': li[4:len(li)-1], 'p6': li[5:len(li)]}
df = pd.DataFrame(data=None, index=None, columns=('p1', 'p2', 'p3',
'p4', 'p5', 'p6'), dtype=None, copy=False)
data = pd.DataFrame(data = d)
data

Out[3]:

	p1	p2	p3	p4	p5	p6
0	1880.716	1937.145	1924.012	1878.181	1904.861	1900.347
1	1937.145	1924.012	1878.181	1904.861	1900.347	1863.367
2	1924.012	1878.181	1904.861	1900.347	1863.367	1928.869
3	1878.181	1904.861	1900.347	1863.367	1928.869	1920.206
4	1904.861	1900.347	1863.367	1928.869	1920.206	1954.438
...	...	...	...	...	...	...
1201	2148.285	2127.792	2084.794	2089.707	2092.905	2106.354
1202	2127.792	2084.794	2089.707	2092.905	2106.354	2073.099
1203	2084.794	2089.707	2092.905	2106.354	2073.099	2101.251
1204	2089.707	2092.905	2106.354	2073.099	2101.251	2097.529
1205	2092.905	2106.354	2073.099	2101.251	2097.529	2115.978

1206 rows × 6 columns

In [4]: # 随机抽样,将70%数据放入训练集和30%数据放入测试集
train = data.sample(frac=0.7, random_state=1)
test = data[data.index.isin(train.index)==False].copy()

X_train = train.loc[:,['p1','p2','p3','p4','p5']]
X_test = test.loc[:,['p1','p2','p3','p4','p5']]
y_train = train['p6']
y_test = test['p6']

6.5.3 构建随机森林模型

我们可以通过调用 sklearn.ensemble.RandomForestRegressor 函数构建随机森林回归模型,其中,建立随机森林子树的数量为15,参数 n_jobs=-1 表示工作数量为电脑CPU的所有内核数量。随机森林的参数一般依情况而定,可以根据需要不断调整。具体代码如下

```
In [5]:  #建立随机森林 RandomForestRegressor 回归模型
         rf = ensemble.RandomForestRegressor(n_estimators=15, n_jobs=-1)
         rf.fit(X_train, y_train)
Out[5]:  RandomForestRegressor(bootstrap=True, ccp_alpha=0.0, criterion='mse',
                   max_depth=None, max_features='auto', max_leaf_nodes=None,
                   max_samples=None, min_impurity_decrease=0.0,
                   min_impurity_split=None, min_samples_leaf=1,
                   min_samples_split=2, min_weight_fraction_leaf=0.0,
                   n_estimators=15, n_jobs=-1, oob_score=False,
                   random_state=None, verbose=0, warm_start=False)

In [6]:  #检测模型的有效性
         TrainScore = rf.score(X_train, y_train)
         TestScore = rf.score(X_test, y_test)
         print("Traing Score:" + str(TrainScore))
         print("Testing Score:" + str(TestScore))
Out[6]:  Traing Score:0.9981066004736537
         Testing Score:0.988678016479387
```

可见,测试结果的成功率在 99.81% 左右。由此,可以确定随机森林回归算法对于股价的预测具备显著的效果。随后,我们对于最佳随机森林子树数量进行了参数估计。

此外,我们还可以做一些模型参数的调整,例如,建立随机森林子树数量的参数 n_estimators。一般来说,较多的子树可以让模型有更好的性能,但同时会让处理器运行变慢。因此,我们应该选择尽可能高的值,只要你的处理器能够承受得住,因为这会使你的预测更好更稳定。下面的代码将帮助我们用不同的随机森林子树来调整模型。

```
In [7]:  # 模型调参,学习曲线,确定 n_estimators 参数,范围是 range(0,100),精确定位
         n_estimators
         np.random.seed(1234)
         nums = np.arange(1,100)
         testing_scores = []
         training_scores = []
         for i in nums:
             regr = ensemble.RandomForestRegressor(n_estimators=i+1, n_jobs=-1)
             regr.fit(X_train, y_train)
             training_scores.append(regr.score(X_train, y_train))
             testing_scores.append(regr.score(X_test, y_test))
         #画图,获得不同的 n_estimators 参数值对应不同模型的训练集性能和测试集性能
         fig = plt.figure()
         ax = fig.add_subplot(1, 1, 1)
```

```
ax.plot(nums, training_scores, label="Training Score")
ax.plot(nums, testing_scores, label="Testing Score")
ax.set_xlabel("estimator num")
ax.set_ylabel("score")
ax.legend(loc="lower right")
plt.suptitle("RandomForestRegressor")
plt.show()
#获得最佳随机森林子树数量和对应模型的性能
print("Traing Score:" + str(max(training_scores)),\
      training_scores.index(max(training_scores)))
```

Out[7]:

Traing Score:0.9985002840718412 87

在 arange(1,100)的范围内进行测试,确定最佳随机森林子树数量是 87 棵,成功率达到 99.85%。我们选择调试好的参数 n_estimators 建立随机森林模型,并将训练好的模型保存到后缀名为".pkl"的文件中。我们使用 predict()函数获得上证综指价格的预测结果,并绘制实际值和预测值的对比图。具体代码如下

```
In [8]: #选择调试好的参数 n_estimators 建立随机森林 RandomForestRegressor 回归模型
        np.random.seed(1234)
        regr = ensemble.RandomForestRegressor(n_estimators=87, n_jobs=-1)
        regr.fit(X_train,y_train)
        print("Traing Score:" + str(regr.score(X_train, y_train)))

        #将训练好的模型保存到后缀名为".pkl"文件中
        from sklearn.externals import joblib
        save = 'regr'+'.pkl'
        joblib.dump(regr,save)
```

Out[8]: ['regr.pkl']
In [9]: #调用保存好的模型进行预测
model = joblib.load('regr.pkl')
#使用predict函数获得股票价格预测结果,实际股票价格是y_test
y_test_predict = model.predict(X_test)
#绘制股票价格的实际值和预测值的对比图
fig = plt.figure()
ax = fig.add_subplot(1, 1, 1)
nums = np.arange(1, len(y_test_predict)+1)
ax.plot(nums, y_test_predict, label="predict stock price")
ax.plot(nums, y_test, label="actual stock price")
ax.set_xlabel("time")
ax.set_ylabel("stock price")
ax.legend(loc="upper right")
plt.suptitle("RandomForestRegressor")
plt.show()

Out[10]:

从图中可以看出,预测值和实际值的曲线基本吻合,实验结果显示随机森林RandomForestRegressor回归模型具有较好的预测性能。

第7章　人工神经网络

7.1　人工神经网络概述

7.1.1　人工神经网络的概念

人工神经网络的研究起源于生物神经元学说。19世纪末,在生物学领域,瓦尔德尔(Waldeger)等人创建了神经元学说。人们认识到复杂的神经系统是由数目繁多的神经元组合而成的。神经细胞是构成神经系统的基本单元,简称神经元。神经元主要由三部分构成:细胞体、轴突、树突,如图7-1所示。

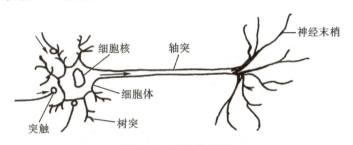

图7-1　生物神经元

人工神经网络(artificial neural network,ANN),是借鉴人脑的结构和特点,通过大量简单神经元互连组成的大规模并行分布式的自适应非线性动态系统。单个神经元的结构和功能比较简单,但大量神经元组合产生的系统行为却非常复杂。

人工神经网络具有巨量并行性、结构可变性、高度的非线性全局作用、良好的容错性、自学习性和自适应性等特点。因此,它能解决常规信息处理方法难以解决或无法解决的问题,尤其是那些属于思维(形象思维)、推理及意识方面的问题。

目前,人工神经网络大量应用于数据的分类和回归预测中,同时也可应用于聚类分析中。本章讨论人工神经网络在股市中的回归预测应用。

7.1.2　人工神经网络的结构和分类

1. 结构

人工神经网络由相互连接的神经元组合而成。人工神经网络可看成以人工神经元为节点,用有向加权弧连接起来的有向图。图7-2是典型的三层神经网络。

在图7-2中,人工神经网络的最底层为输入层,中间层为隐层,最顶层为输出层。人工神经网络中的处理单元按照所处不同神经网络的层,分别称为输入节点、隐层节点和输出节点。

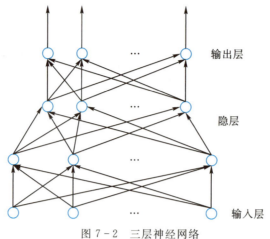

图 7-2 三层神经网络

输入层、隐层、输出层在人工神经网络中起到的作用不同。

(1)输入层:从外部接受训练样本集中各输入变量值,并将此值传入人工神经网络,进行处理。输入节点的个数取决于输入变量的个数。

(2)隐层:接受输入层的信息,对所有的信息进行非线性样本的线性处理,整个处理步骤用户是看不见的。隐层的层数和节点个数可自行确定。

(3)输出层:接受人工神经网络处理后的信息,将输出变量的分类或回归预测结果输出到外部接收器。输出节点个数依据具体问题确定。

2. 分类

除单元特性外,网络的拓扑结构也是人工神经网络的一个重要特性。按网络的拓扑结构分类,人工神经网络可分成 3 类:前馈式网络、反馈式网络和相互连接的网络。

1)前馈式网络

前馈式网络的神经元分层排列,并将其分为输入层、隐层和输出层。各神经元接受前一层的输入,并输出给下一层,没有反馈(如图 7-3 所示)。节点分为两类,即输入单元和计算单元,每一计算单元可有任意多个输入,但只有一个输出(它可以耦合任意多个其他节点作为其输入)。前馈式网络可分为不同的层,每一层的神经元只接收前一层神经元的输入,输入层接收外界的输入模式。输入模式经过各层神经元的响应处理变为输出层的输出。最常用的前馈式神经网络包括 BP 网络(back propagation network)和径向基函数神经网络(radial basis function neural network,RBFNN)。

2)反馈式网络

如图 7-4 所示,该网络是在分层前馈网络基础上,将网络的输出反馈到网络的输入,反馈可以将全部输出反馈,也可以将部分输出反馈。所有节点都是计算单元,同时也可接受输入,并向外界输出。最典型的反馈神经网络就是 Hopfield 神经网络。

3)相互连接的网络

相互连接的网络中,任意神经元之间都可能有连接,信息在神经元之间可以反复传递,造成网络状态的不断变化。系统整体从某一初始状态开始,经过不断变化过程,最后进入某一平衡状态、周期振荡状态或其他状态。

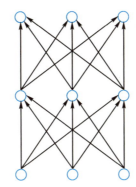

图 7-3 具有一个隐层的前馈式网络

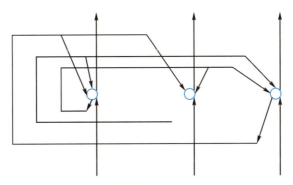

图 7-4 单层全连接反馈式网络

人工神经网络的工作过程主要分为两个阶段,第一阶段是学习期,此时各计算单元状态不变,各连线上的权值通过学习来修改。第二阶段是工作期,此时连接权值固定,计算单元状态变化,以达到某种稳定状态。

从作用效果来看,前馈式网络主要是函数映射,可用于模式识别和函数逼近。按对能量函数的所有极小点的利用情况,可将反馈式网络分为两类:一类是能量函数的所有极小点都起作用,主要用作各种联想存储器;另一类只利用全局极小点,主要用于求解优化问题。

7.2 人工神经网络基本原理

7.2.1 人工神经网络模式

神经网络是由大量简单处理单元通过可变权值连接而成的并行分布式系统。神经元是人工神经网络的基本处理单元。神经网络是一个多输入、单输出的非线性器件,其结构如图 7-5 所示。

在图 7-5 中,在输入层包含 4 个输入节点,分别是 x_1、x_2、x_3、x_4。隐层包含 2 个隐层节点,分别是 H_1、H_2。输出层只包含 1 个输出节点 y。输入节点与隐层节点连线上的 w_{ij} 是连接权重,隐层节点与输出节点连线上的 v_{ij} 也是连接权重。例如,w_{22} 表示输入节点 x_2 与隐层节点 H_2 的连接权重,v_{21} 表示隐层节点 H_2 与输出节点 y 的连接权重。隐层节点和输出节点都有一个偏差节点与之相连接,θ_1、θ_2、θ_3 为偏差节点的连接权重。

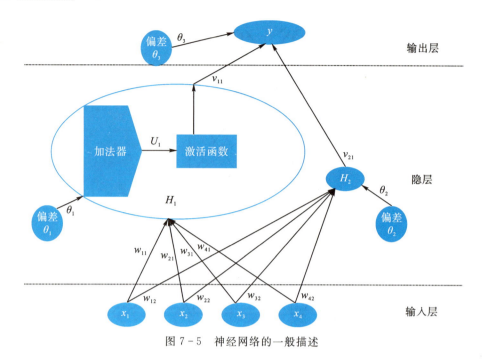

图 7-5 神经网络的一般描述

7.2.2 加法器

在图 7-5 中,大圆圈部分表示一个完整的节点,该节点由加法器和激活函数构成。x_i 为节点 j 的第 i 个输入节点,y 为节点 j 的输出节点,w_{ij} 表示从上层第 i 个节点到本层第 j 个节点的连接权重,θ_j 为第 j 个节点的阈值,则节点 j 的加法器定义为

$$S_j = \sum_i^k w_{ij} x_i + \theta_j \tag{7.1}$$

其中,k 表示上层节点的个数。从定义可知,加法器的作用是对输入信息的加权平均,可对输入信息进行线性变化。人工神经网络模型构建的关键是如何确定权重系数 w_{ij}。

7.2.3 连接权值

人工神经网络的神经元之间相互连接,所有的连接构成一有向图。每一连接对应于一个实数,称为连接权值,或称为连接权重。连接权值的集合可看作长期记忆。我们可以用权矩阵 W 来表示网络中的连接模式,W 中的元素是 w_{ij}。连接权值的类型一般分为激发和抑制形式,正的权值表示激发连接,相反,负的权值表示抑制连接。权值的连接方式是人工神经网络的特征描述。

7.2.4 激活函数

对于每一个神经元,都有一个输出,并通过连接权值将输出传送给其相连的处理单元,输出信号直接依赖于加法器的状态或激励值。这种依赖性通过输出激活函数 f 对于节点 j 的作用来表示。那么,节点 j 的激活函数定义为

$$y_j = f(S_j) \tag{7.2}$$

这里，y_j 是激活函数值，也是节点 j 的输出。

激活函数 f 一般有以下两种形式：

(1) $[0,1]$ 型阶跃函数：$f(S_j) = \begin{cases} 1, S_j > 0 \\ 0, S_j < 0 \end{cases}$。

(2) $(0,1)$ 型 Sigmoid 函数：$f(S_j) = \dfrac{1}{1+e^{-S_j}}$。

两种函数对应的图像如图 7-6 所示。

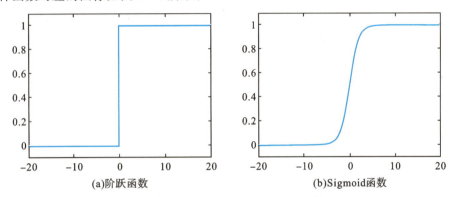

图 7-6　两种典型的神经元激活函数

激活函数 f 的作用是将加法器的函数值转化为 1 或 0，或取值范围在 0 至 1 之间。理想中的激活函数是图 7-6(a)所示的阶跃函数，它将输入值映射为输出值"0"或"1"，显然"1"对应于神经元兴奋，"0"对应于神经元抑制。然而，阶跃函数具有不连续、不光滑等不太好的性质，因此实际中常用 Sigmoid 函数作为激活函数。典型的 Sigmoid 函数如图 7-6(b)所示，它把可能在较大范围内变化的输入值挤压到 $(0,1)$ 输出值范围内。

对于神经网络模型应用于分类预测，可采用两种激活函数中的任意一种。对于神经网络模型应用于回归预测，只能采用 Sigmoid 函数。

在图 7-7 中说明了上述激活函数的计算原理。假设节点 1、2、3 的偏差为 0，激活函数采用 Sigmoid 函数。x_1、x_2 为上层节点的输入，并分别和节点 1、2 相连接，且连接权重不同，权重值为图中对应边上的数字。那么，节点 1、2、3 的计算结果分别为

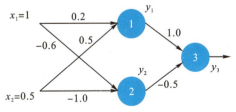

图 7-7　输出节点计算示例

节点 1：加法器 $S_1 = 1 \times 0.2 + 0.5 \times 0.5 = 0.45$；激活函数 $y_1 = f(0.45) = 0.61$。

节点 2：加法器 $S_2 = 1 \times (-0.6) + 0.5 \times (-1) = -1.1$；激活函数 $y_2 = f(-1.1) = 0.25$。

节点 3：加法器 $S_3 = 0.61 \times 1 + 0.25 \times (-0.5) = 0.485$；激活函数 $y_2 = f(0.485) = \dfrac{1}{1+e^{-0.485}} = 0.62$。

7.3 BP 网络

反向传播网络(back propagation network,简称 BP 网络),是一种典型的人工神经网络,是一种前馈式多层感知机模型。

BP 网络的主要特点:①包含隐层;②反向传播;③激活函数采用 Sigmoid 函数。

7.3.1 BP 网络原理

BP 网络模型为多层感知机模型,其中包括输入和输出节点,一层或多层隐层。在这种网络中,有两种信号在流动:一是工作信号,它是施加输入信号后向前传播,直到在输出端产生实际输出的信号,是输入和权值的函数;二是误差信号,网络实际输出与理论输出间的差值即为误差,它由输出端开始,逐层向后传播。三层的 BP 网络如图 7-8 所示。

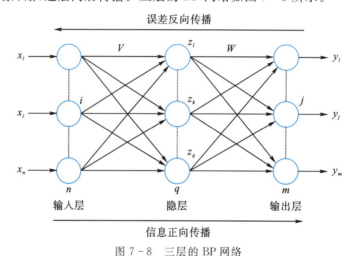

图 7-8 三层的 BP 网络

设在第 n 次迭代中输出端的第 j 个单元的输出为 $y_j(n)$,则该单元的误差信号为 $e_j(n) = d_j(n) - y_j(n)$,定义单元 j 的平方误差为 $\frac{1}{2}e_j^2(n)$,则输出端总的平方误差的瞬时值为

$$\varepsilon(n) = \frac{1}{2}\sum_j e_j^2(n)$$

可见,反向传播学习的目的是使 $\varepsilon(n)$ 达最小值。

BP 网络是当前应用较广的一种神经网络,比如它已在图像识别、边缘检测、模式记忆、异或问题和对称性判别等方面得到了应用。但它也有缺点,即训练时间长,易陷入局部最小。

7.3.2 反向传播学习规则

BP 网络是一种多层的前馈神经网络,是一种监督式的学习算法,其主要的特点是:信号是前向传播的,而误差是反向传播的。其学习的目的是用网络的实际输出与目标矢量之间的误差修改其权值,使输出 A 与期望 T 尽可能地接近,即使网络输出层的误差平方和达到最小。它是通过连续不断地在相对于误差函数斜率下降的方向上计算网络权值和偏差的变化而逐渐逼近目标的。每一次权值和偏差的变化都与网络误差的影响成正比,并以反向传播的方式传递到每一层。

BP 网络由正向传播和反向传播两个阶段构成。第一阶段是信号的前向传播，样本信息从输入层开始经过隐层，逐层处理并传向输出层。上层节点的输出为下层节点的输入，最终样本信息被传播到输出层节点，得到预测结果。正向传播期间，所有连接权重保持不变。

第二阶段是误差的反向传播，从输出层到隐层，最后到输入层。如果在输出层得不到期望的输出值，则取输出与期望的误差的平方和作为目标函数，转入反向传播，逐层求出目标函数对各神经元权值的偏导数，构成目标函数对权值向量的梯量，作为修改权值的依据，网络的学习在权值修改过程中完成。误差达到期望值时，最终使得网络输出值越来越接近实际值，BP 网络学习结束。

7.3.3 采用 Sigmoid 激活函数

BP 网络采用的激活函数是非线性变换函数——Sigmoid 函数，节点的输出被限制在 0～1 范围内。其特点是函数本身及其导数都是连续的，因而在处理上十分方便。对于分类问题，输出节点是预测类别的概率值；对于回归问题，输出节点是标准化处理后的预测值。

采用 Sigmoid 函数在构建 BP 网络模型中有重要的作用。首先，在模型训练开始阶段，连接权重在 0 附近，导致加法器的值也在 0 附近，Sigmoid 函数的斜率近似为一个常数，因此，输入和输出之间为近似线性关系，模型比较简单。其次，随着模型不断地训练，网络权重不断调整，使得加法器的值逐渐偏离 0，因此，输入和输出之间呈现非线性关系，输入的变化对输出的影响程度逐渐下降，模型相对复杂。最后，在模型训练的后期阶段，加法器的值远离 0，输入的变化不再对输出有明显的影响，输出值基本稳定。同时，预测误差不再随连接权重的调整而明显改善，预测结果稳定，模型训练结束。

从模型的构建过程中可以看出，Sigmoid 函数使得 BP 网络从近似线性到非线性逐渐转变，具有非线性、单调、无限次可微的特点。

7.4 案例：深圳综指预测的 Python 实战

7.4.1 BP 网络的 Python 函数

BP 网络的 Python 函数主要集中在 sklearn.neural_network 模块中。首先使用 pip 安装 sklearn 机器学习模块。sklearn.neural_network 模块可构建多层感知机模型，实现 BP 网络的分类和回归建模。sklearn.neural_network 模块中的函数 MLPClassifier 和 MLPRegressor 使用 BP 算法来实现一个多层感知机模型的构建。一般来说，多层感知机模型既可以运用到分类问题（多层感知机分类），又可以运用到回归问题（多层感知机回归）。

1. 构建 BP 网络的函数

本案例是对连续型数据深证综指进行收盘价格预测，是一个回归预测问题。因此，我们选用 sklearn.neural_network.MLPRegressor() 函数首先构建一个多层感知机模型，然后调用该类的 fit() 函数从训练集中构建一个 BP 网络，从而得到多层感知机模型，最后使用 predict() 函数给出测试集的预测结果，可使用函数 mean_squared_error() 和 r2_score() 分别计算均方误差和 R^2。以下列举了对构建多层感知机模型非常有用的函数。

（1）sklearn.neural_network.MLPRegressor()：建立多层感知机模型，并设置多层感知机模型参数。

(2) MLPRegressor.fit():从训练集中构建一个 BP 网络。

(3) MLPRegressor.predict():给出测试集的预测结果。

(4) sklearn.metrics.mean_squared_error():计算均方误差。

(5) sklearn.metrics.r2_score():计算 R^2。

2. sklearn.neural_network.MLPRegressor 函数

现重点对 sklearn.neural_network.MLPRegressor 函数基本书写格式及参数进行详细说明。其基本书写格式如下

> sklearn.neural_network.MLPRegressor(hidden_layer_sizes=(100,), activation='relu', solver='adam', alpha=0.0001, batch_size='auto', learning_rate='constant', learning_rate_init=0.001, power_t=0.5, max_iter=200, shuffle=True, random_state=None, tol=0.0001, verbose=False, warm_start=False, momentum=0.9, nesterovs_momentum=True, early_stopping=False, validation_fraction=0.1, beta_1=0.9, beta_2=0.999, epsilon=1e-08, n_iter_no_change=10, max_fun=15000)

(1) hidden_layer_sizes:隐藏层的数量,以及神经元的数量。

(2) activation:隐藏层的激活函数。取值 identity 为无操作激活,对实现线性瓶颈很有用;取值 logistic 为用 Sigmoid 函数;取值 tanh 为用双曲线 tan 函数。

(3) solver:权重优化器。默认值为 adam。取值 lbfgs 是准牛顿方法族的优化者;取值 sgd 是随机梯度下降;adam 是指由金马(Kingma)、迪德里克(Diederik)和吉米·巴(Jimmy Ba)提出的基于随机梯度的优化器。

(4) alpha:惩罚系数。

(5) batch_size:用于随机优化器的小型机的大小。

(6) learning_rate:权重更新的学习率。

(7) learning_rate_init:给出的恒定学习率。

(8) power_t:反缩放学习率的指数。当 learning_rate 设置为 invscaling 时,它用于更新有效学习率。仅在 solver=sgd 时使用。

(9) max_iter:最大迭代次数。求解器迭代直到收敛。

(10) shuffle:是否在每次迭代中对样本进行洗牌。仅在 solver=sgd 或 adam 时使用。

(11) random_state:如果是 int,则 random_state 是随机数生成器使用的种子;如果是 RandomState 实例,则 random_state 是随机数生成器;如果为 None,则随机数生成器是 np.random 使用的 RandomState 实例。

(12) tol:优化容差。当损失或分数在两次连续迭代中没有提高至少 tol 时,除非将 learning_rate 设置为"自适应",否则认为会达到收敛并且训练停止。

(13) verbose:是否将进度消息打印到标准输出 stdout。

(14) warm_start:设置为 True 时,重用上一次调用的解决方案以适合初始化,否则,只需擦除以前的解决方案。

(15) momentum:梯度下降更新的动量。数值应该在 0 和 1 之间。仅在 solver=sgd 时使用。

(16) nesterovs_momentum:是否使用 nesterov 的势头。仅在 solver=sgd 和 momentum>0 时使用。

(17) early_stopping:当验证评分没有改善时,是否使用提前停止来终止培训。如果设置为 True,它将自动留出 10% 的训练数据作为验证,并在验证得分没有提高至少两个连续时期

的 tol 时终止训练。仅在 solver＝sgd 或 adam 时有效。

(18)validation_fraction:将训练数据的比例留作早期停止的验证集。数值必须介于 0 和 1 之间。仅在 early_stopping 为 True 时使用。

(19)beta_1:adam 中第一时刻向量估计的指数衰减率应为[0,1]。仅在 solver＝adam 时使用。

(20)beta_2:adam 中二阶矩矢量估计的指数衰减率应为[0,1]。仅在 solver＝adam 时使用。

(21)epsilon:adam 数值稳定性的价值。仅在 solver＝adam 时使用。

7.4.2 构建深证综指数据

接下来的例子展示人工神经网络在实际股市分析预测中的运用,使用人工神经网络预测深证综指的收盘价格。采用滚动预测建模方式,以最近 5 天的深证综指收盘价格为输入变量来预测第 6 天的指数值。我们以 2016 年 1 月 5 日到 2020 年 12 月 31 日之间的深证综指全部月数据为研究对象,以其中 70% 数据做训练集,以 30% 数据做测试集,建立人工神经网络模型。从建模的原始时序数据中选取 844 个数据构建人工神经网络模型训练集,并采用 Python 库 Pandas 中的 DataFrame 对象来表示,大小为(844×6),以剩余的 362 个数据构建测试集,对应的 DataFrame 对象大小为(362×6)。具体代码如下

```
In [1]:   # 导入需要的数据包
          import pandas as pd
          import numpy as np
          from sklearn.neural_network import MLPRegressor
In [2]:   # 读取文件数据
          TRD_Index = pd.read_table('TRD_Index.txt',sep='\t')
          # 获取深证综指数据
          SZindex = TRD_Index[TRD_Index.Indexcd==399106]
          SZRet = SZindex.Clsindex
          SZindex.tail()
```

Out[2]:

	Indexcd	Trddt	Daywk	Opnindex	Hiindex	Loindex	Clsindex	Retindex
14218	399106	2020-12-25	3	1035.534	1050.991	1032.969	1050.991	0.015661
14219	399106	2020-12-26	4	1050.161	1051.048	1032.302	1032.599	-0.017500
14220	399106	2020-12-27	5	1031.460	1053.847	1031.460	1050.853	0.017678
14221	399106	2020-12-30	1	1054.377	1057.608	1050.273	1054.218	0.003202
14222	399106	2020-12-31	2	1050.375	1057.665	1045.433	1057.665	0.003270

```
In [3]:   # 构造最近 5 天深证综指收盘价格数据预测第 6 天的价格
          li = list(SZRet)
          d = {'p1': li[0:len(li)-5], 'p2': li[1:len(li)-4], 'p3': li[2:len(li)-3], 'p4':
          li[3:len(li)-2], 'p5': li[4:len(li)-1], 'p6': li[5:len(li)]}
          df = pd.DataFrame(data=None, index=None, columns=('p1', 'p2', 'p3',
          'p4', 'p5', 'p6'), dtype=None, copy=False)
          data = pd.DataFrame(data = d)
          data
```

Out[3]:

	p1	p2	p3	p4	p5	p6
0	571.134	586.332	584.705	573.093	585.852	588.723
1	586.332	584.705	573.093	585.852	588.723	571.622
2	584.705	573.093	585.852	588.723	571.622	594.015
3	573.093	585.852	588.723	571.622	594.015	595.867
4	585.852	588.723	571.622	594.015	595.867	600.689
...	...	...	...	...	...	...
1201	1046.837	1039.903	1026.235	1025.582	1034.785	1050.991
1202	1039.903	1026.235	1025.582	1034.785	1050.991	1032.599
1203	1026.235	1025.582	1034.785	1050.991	1032.599	1050.853
1204	1025.582	1034.785	1050.991	1032.599	1050.853	1054.218
1205	1034.785	1050.991	1032.599	1050.853	1054.218	1057.665

1206 rows × 6 columns

```
In [4]: # 获得特征值 x 和目标值 y
        x = data.loc[:,['p1','p2','p3','p4','p5']]
        y = data['p6']
        # 在 sklearn 中,所有的数据都应该是二维矩阵,因此,让 y 变成只有一列,行数
        不知道多少,可使用.reshape(-1,1)将 y 转换为二维矩阵,Numpy 自动计算出
        有 1206 行
        y = np.array(y).reshape(-1,1)
In [5]: # 导入标准化函数
        from sklearn import preprocessing
        # 分别初始化对特征值和目标值的标准化器
        x_MinMax = preprocessing.MinMaxScaler()
        y_MinMax = preprocessing.MinMaxScaler()
        
        # 训练数据都是数值型,所以要标准化处理
        x = x_MinMax.fit_transform(x)
        y = y_MinMax.fit_transform(y)
In [6]: # 导入分割训练集和测试集函数
        from sklearn.model_selection import train_test_split
        np.random.seed(2020)
        # 按三七原则划分训练集和测试集
        x_train, x_test, y_train, y_test = train_test_split(x,y,test_size = 0.3)
```

7.4.3 构建 BP 网络模型

我们可以通过调用 sklearn.neural_network.MLPRegressor 函数构建 BP 回归模型,其中,网络的拓扑结构为三层网络结构,输入节点个数等于输入变量个数,指定 2 层隐藏层,第一个隐藏层有 100 个神经元,第二个隐藏层有 50 个神经元,激活函数用 relu,梯度下降方法用

adam,惩罚系数为 0.01,最大迭代次数为 500。具体代码如下

```
In [7]:  # 建立 BP 网络模型
         # hidden_layer_sizes=(100,50),共 2 层隐藏层,第一个隐藏层有 100 个神经元,
         第二隐藏层有 50 个神经元,也就有 3 层神经网络。激活函数用 relu,梯度下降方
         法用 adam,惩罚系数为 0.01,最大迭代次数为 500
         mode_mlp = MLPRegressor(hidden_layer_sizes=(100,50), activation = 'relu',
         solver='adam', alpha=0.01, max_iter=500)
         print("fitting model right now")
         mode_mlp.fit(x_train,y_train)
Out[7]:  MLPRegressor(activation='relu', alpha=0.01, batch_size='auto', beta_1=0.9,
                      beta_2=0.999, early_stopping=False, epsilon=1e-08,
                      hidden_layer_sizes=(100, 50), learning_rate='constant',
                      learning_rate_init=0.001, max_fun=15000, max_iter=500,
                      momentum=0.9, n_iter_no_change=10, nesterovs_momentum=True,
                      power_t=0.5, random_state=None, shuffle=True, solver='adam',
                      tol=0.0001, validation_fraction=0.1, verbose=False,
                      warm_start=False)
```

7.4.4 预测效果分析

使用 predict() 函数给出训练集和测试集的预测结果,可使用函数 mean_squared_error() 和 r2_score() 分别计算均方误差(mean squared error,MSE)和 R^2。mean_squared_error() 函数用于计算参数估计值与参数真值之差平方的期望值,MSE 可以评价数据的变化程度,MSE 的值越小,说明预测模型描述实验数据具有更好的精确度。r2_score() 用于计算 R^2,它用来度量未来的样本是否可能通过模型被很好地预测,分值为 1 表示最好。

实验结果表明,在性能评估方面构建的 BP 网络模型对于股价的预测具备显著的效果。最后,绘制股票价格的实际值和预测值的对比图,从图中可以看出预测曲线和原曲线趋势基本吻合,说明预测效果较好。

相关代码如下

```
In [8]:  # 导入回归器均方误差性能评估函数
         from sklearn.metrics import mean_squared_error
         # 计算训练集的均方误差 MSE
         pred1_train = mode_mlp.predict(x_train)
         mse_1 = mean_squared_error(pred1_train,y_train)
         print("Train ERROR = ",mse_1)
         # 计算测试集的均方误差 MSE
         pred1_test = mode_mlp.predict(x_test)
         mse_2 = mean_squared_error(pred1_test,y_test)
         print("Test ERROR = ",mse_2)
```

Out[8]: Train ERROR = 0.000845332288096692
Test ERROR = 0.0008359702842219708

In [9]: # 导入回归器 R 平方性能评估函数
from sklearn.metrics import r2_score
# 计算训练集和测试集的 R 平方性能评估指标
print("Train r2_score = ",r2_score(pred1_train,y_train))
print("Test r2_score = ",r2_score(pred1_test,y_test))

Out[9]: Train r2_score = 0.9757785272076003
Test r2_score = 0.9739752890622212

In [10]: # 绘制股票价格的实际值和预测值的对比图
import matplotlib.pyplot as plt
fig = plt.figure()
plt.figure(figsize=(8,6))
ax = fig.add_subplot(1, 1, 1)
nums = np.arange(1,len(pred1_test)+1)
ax.plot(nums, pred1_test, label="predict stock price")
ax.plot(nums, y_test, label="actual stock price")
ax.set_xlabel("time")
ax.set_ylabel("stock price")
ax.legend(loc="upper right")
plt.suptitle("RandomForestRegressor")
plt.show()

Out[10]:
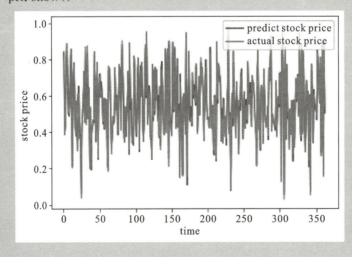

第 8 章　支持向量机

8.1　支持向量机概述

支持向量机(support vector machine，SVM)是一类按监督学习方式对数据进行二元分类的广义线性分类器，其决策边界是对学习样本求解的最大边距超平面。SVM 可以通过核函数方法进行非线性分类，是常见的机器学习方法之一。

SVM 在线性可分时，在原空间寻找两类样本的最优分类超平面；在线性不可分时，加入松弛变量并通过使用非线性映射将低维度输入空间的样本映射到高维度空间使其变为线性可分，这样就可以在该特征空间中寻找最优分类超平面。

8.1.1　SVM 的优点

SVM 有以下几点优点：

(1)支持向量机算法可以解决小样本情况下的机器学习问题，简化了通常的分类和回归等问题。

(2)由于采用核函数方法克服了维数灾难和非线性可分的问题，SVM 利用核函数替代向高维空间的非线性映射，因此向高维空间映射时没有增加计算的复杂性。由于 SVM 的最终决策函数只由少数的支持向量所确定，所以计算的复杂性取决于支持向量的数目，而不是样本空间的维数。

(3)SVM 是凸优化问题，因此局部最优解即为全局最优解。

8.1.2　SVM 的不足

SVM 有以下几点不足：

(1)SVM 对大规模训练样本难以实施。由于 SVM 是借助二次规划求解支持向量机，在其求解过程中涉及 m 阶矩阵的计算，因此当 m 数目很大时，该矩阵的存储和计算将耗费大量的内存和运行时间。

(2)经典的 SVM 算法常用于二分类的问题，而在机器学习实际应用中，一般要解决多分类问题，通过多个二分类 SVM 的组合来解决多分类问题，而实际上 SVM 对于多分类问题的解决效果并不理想。

(3)SVM 算法的应用效果取决于核函数的选择，需要在实验过程中选择多种核函数，根据实验结果选择效果好的核函数。即使选择了效果比较好的核函数，也要选择最优的参数。

8.2 支持向量机分类模型

8.2.1 支持向量机分类的基本思路

支持向量机以严谨的统计理论为基础,采用结构风险最小化原则构建分类或回归模型,具有良好的泛化性能。通过引入万普尼克(Vapnik)等提出的不敏感损失函数,支持向量机已拓展应用于非线性回归问题的建模。

对于给定的训练样本集 $\{(\boldsymbol{x}_i, y_i)\}$,$\boldsymbol{x}_i \in R^d$ 为输入向量,$y_i \in R$ 为响应变量,$y_i \in \{-1, 1\}$ 为二元变量,-1 表示负类,1 表示正类。构建如式(8.1)所示的线性分类模型:

$$y = \boldsymbol{w}^T \boldsymbol{x}_i + b \tag{8.1}$$

其中,$\boldsymbol{w}$、b 分别为权重向量和截距,$\boldsymbol{w} = (\omega_1, \omega_2, \cdots, \omega_p)^T$。

SVM 建模的目的是以训练样本为研究对象,在 n 维特征空间中找到超平面,以将两类样本有效分开。以二维特征空间为例,超平面为一条直线,如图 8-1 所示。

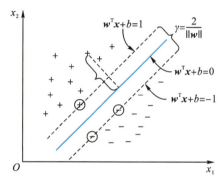

图 8-1 支持向量机分类的目标示意图

超平面定义为

$$\boldsymbol{w}^T \boldsymbol{x}_i + b = 0 \tag{8.2}$$

参数 $\boldsymbol{w}$ 决定了超平面的位置。超平面将 n 维特征空间划分为两部分。可构造 2 个平行的超平面作为间隔边界以判别样本的分类:

$$\begin{aligned} \boldsymbol{w}^T \boldsymbol{x}_i + b \geqslant +1, &\Rightarrow y_i = +1 \\ \boldsymbol{w}^T \boldsymbol{x}_i + b \leqslant -1, &\Rightarrow y_i = -1 \end{aligned} \tag{8.3}$$

所有在上间隔边界上方的样本属于正类,在下间隔边界下方的样本属于负类。对于任意观测 $\boldsymbol{x}_i$,有公式(8.4)成立:

$$y_i(\boldsymbol{w}^T \boldsymbol{x}_i + b) \geqslant +1 \tag{8.4}$$

两个间隔边界的距离 $d = \dfrac{2}{\|\boldsymbol{w}\|}$ 被定义为边距,位于间隔边界上的正类和负类样本为支持向量。

点 $\boldsymbol{x}_i$ 到超平面的几何间隔为

$$r_i = y_i \left(\frac{\boldsymbol{w}^T \boldsymbol{x}_i + b}{\|\boldsymbol{w}\|} \right) \tag{8.5}$$

8.2.2 如何求解超平面

支持向量机分类的基本思路是使得距离 d 最大,且满足式(8.4)的约束条件,表述为

$$\max d \\ y_i(\boldsymbol{w}^\mathrm{T}\boldsymbol{x}_i+b)\geqslant +1, i=1,2,\cdots,n \tag{8.6}$$

该问题是典型的凸二次型规划求解问题。对于凸二次优化问题,通过引入拉格朗日乘子 α_i,将目标函数和约束条件整合到拉格朗日函数中,这样能方便求解最优值问题。那么,对每个不等式约束引入拉格朗日乘子,得到拉格朗日函数如下:

$$L(\boldsymbol{w},b,\alpha)=\frac{1}{2}\|\boldsymbol{w}\|^2+\sum_{i=1}^{n}\alpha_i[y_i(\boldsymbol{w}^\mathrm{T}\boldsymbol{x}_i+b)-1] \tag{8.7}$$
$$\alpha_i \geqslant 0, i=1,2,\cdots,n$$

这里求取 L 对 w 和 b 的极小值和对 α 的极大值。约束条件 α 变动时,目标函数的极值也在变动。对参数 w 和 b 求偏导,且偏导为 0,即

$$\alpha_i[y_i(\boldsymbol{w}^\mathrm{T}\boldsymbol{x}_i+b)-1]=0, i=1,2,\cdots,n \tag{8.8}$$

$\alpha_i \geqslant 0$ 的观测点为支持向量,要满足式(8.8),则要满足 $y_i(\boldsymbol{w}^\mathrm{T}\boldsymbol{x}_i+b)-1=0$。这说明支持向量都落在了边界线上。

如果有 l 个支持向量,则 $\boldsymbol{w}=\sum_{i=0}^{l}a_i y_i X_i$,可从 l 个支持向量中任选一个,得出 $b=y_i-\boldsymbol{w}^\mathrm{T} X_i$。参数求解结束,超平面则被求解。支持向量是位于平行边界上的样本观测点,决定了最大边界超平面。

8.2.3 核函数

以上都是在线性可分情况下进行讨论的,但是实际问题中给出的数据并不都是线性可分的。一些线性不可分的问题可能是非线性可分的,即特征空间存在超曲面将正类和负类分开。SVM 可以通过核函数进行非线性分类。利用核函数可以将非线性可分问题从原始的特征空间映射至更高维的空间。原始空间中的非线性数据经过核函数映射转换后,在高维空间中变成线性可分的数据,从而可以构造出最优分类超平面。

核函数是计算两个向量在隐式映射后空间中的内积的函数。核函数通过先对特征向量做内积,然后用核函数进行变换,这有利于避开直接在高维空间中计算,大大简化了问题的求解。这等价于先对向量做核映射然后再做内积。

在实际应用中,通常会根据问题和数据的不同,选择不同的核函数 K。例如,常用的核函数如表 8-1 所示。

表 8-1 常用的核函数

名称	计算表达式
线性核函数	$K(X_1,X_2)=(X_1,X_2)$
多项式核函数	$K(X_1,X_2)=(X_1^\mathrm{T} X_2)^n$
高斯核函数	$K(X_1,X_2)=\exp\left(-\dfrac{\|X_1-X_2\|^2}{2\sigma^2}\right)$

高斯核函数是非常经典,也是使用最广泛的核函数之一。高斯核函数可根据实际需要灵活选取参数 σ,甚至还可以将原始维度空间映射到无穷维度空间。不过,如果 σ 取值很大,会导致高次特征上的权重衰减快;如果 σ 取值很小,其好处是可以将任意的数据映射成为线性可分,但容易造成过拟合现象。

8.3 案例:股票趋势预测的 Python 实战

8.3.1 SVM 的 Python 函数

1. 构建 SVM 的函数

在 Python 中,scikit-learn 是一个广泛使用的用于实现机器学习算法的库,SVM 也可以在 scikit-learn 库中找到并使用。

以下列举了对构建 SVM 模型非常有用的函数。

(1)svm.SVC():建立 SVM 分类模型。

(2)fit(X,y):训练模型。

(3)predict(X):用模型进行预测,返回预测值。

(4)score(X,y[,sample_weight]):返回在(X,y)上预测的准确率。

(5)redict_proba(X):返回一个数组,数组的元素依次是 X 预测为各个类别的概率值。

2. sklearn.svm.SVC()函数

现重点对 sklearn.svm.SVC()函数的基本书写格式及参数进行详细说明。其基本书写格式如下

```
sklearn.svm.SVC(C=1.0, kernel='rbf', degree=3, gamma=0.0, coef0=0.0,
shrinking=True, probability=False, tol=0.001, cache_size=200, class_weight=None,
verbose=False, max_iter=-1, random_state=None)
```

(1)惩罚参数 C:默认值是 1.0,C 值大,相当于惩罚松弛变量,希望松弛变量接近 0,即对误分类的惩罚增大,趋向于对训练集全分对的情况,这样训练集测试时准确率很高,但泛化能力弱;C 值小,对误分类的惩罚减小,允许容错,将它们当成噪声点,泛化能力较强。

(2)kernel:核函数,默认是"rbf",也可以是"linear""poly""sigmoid""precomputed"。

(3)degree:多项式 poly 函数的维度,默认是 3,选择其他核函数时会被忽略。

(4)gamma:"rbf""poly"和"sigmoid"的核函数参数。默认是"auto"时,则会选择 1/n_features。

(5)coef0:核函数的常数项,对于"poly"和"sigmoid"有用。

(6)probability:是否采用概率估计,默认为 False,布尔类型可选。

(7)shrinking:是否采用 shrinking heuristic 方法(启发式收缩),默认为 True。

(8)tol:停止训练的误差值大小,默认为 0.001。

(9)cache_size:核函数 cache 缓存大小,默认为 200。

(10)class_weight:t 类别的权重,字典形式传递。设置第几类的参数 C 为 weight * C。

(11)verbose:允许冗余输出。

(12) max_iter:最大迭代次数。-1为无限制。
(13) random_state:数据洗牌时的种子值,int值。

8.3.2 构建股票数据

接下来的例子展示 SVM 在实际股票分析中的应用,使用 SVM 预测股票未来的涨跌决策变量。通过计算股票交易特征指标,把实际的预测问题转化为分类问题,即涨用+1表示,跌用-1表示。例子以 7 个交易特征指标为输入变量来预测股票的涨跌趋势。我们以 2001 年 6 月 13 日到 2022 年 9 月 9 日之间的平安银行全部日数据为研究对象,以其中 80% 数据做训练集,以 20% 数据做测试集,建立 SVM 模型。从建模的原始时序数据中选取 4000 个数据构建 SVM 模型训练集,并采用 Python 库 Pandas 中的 DataFrame 对象来表示,大小为(4000×7),以剩余的 1000 个数据构建测试集,对应的 DataFrame 对象大小为(1000×7)。具体代码如下

```
In [1]: #导入需要的数据包
        import tushare as ts
        import pandas as pd
        import numpy as np
        from sklearn import svm        #导入 SVM 包
In [2]: #从 Tushare 挖地兔财经网站下载平安银行数据
        Tpro = ts.pro_api()
        #以平安银行为例,close 收盘价,pre_close 昨收价,change 涨跌额,pct_chg 涨跌幅
        td = pro.daily(ts_code='000001.SZ')
        td
```

Out[2]:

	ts_code	trade_date	open	high	low	close	pre_close	change	pct_chg	vol	amount
0	000001.SZ	20220909	12.40	12.74	12.36	12.72	12.36	0.36	2.9126	1951297.31	2.469131e+06
1	000001.SZ	20220908	12.32	12.44	12.30	12.36	12.33	0.03	0.2433	621116.92	7.689135e+05
2	000001.SZ	20220907	12.42	12.42	12.28	12.33	12.50	-0.17	-1.3600	979812.81	1.208330e+06
3	000001.SZ	20220906	12.58	12.66	12.43	12.50	12.57	-0.07	-0.5569	731294.99	9.146922e+05
4	000001.SZ	20220905	12.46	12.60	12.37	12.57	12.51	0.06	0.4796	632039.98	7.884511e+05
...	...	...	...	...	...	...	...	...	...	...	...
4995	000001.SZ	20010619	15.40	15.49	15.30	15.43	15.46	-0.03	-0.1900	29865.51	4.593607e+04
4996	000001.SZ	20010618	15.79	15.82	15.32	15.46	15.79	-0.33	-2.0900	41755.04	6.492782e+04
4997	000001.SZ	20010615	15.70	15.90	15.61	15.79	15.75	0.04	0.2500	29632.82	4.650135e+04
4998	000001.SZ	20010614	16.00	16.20	15.70	15.75	15.90	-0.15	-0.9400	66614.86	1.065114e+05
4999	000001.SZ	20010613	15.62	16.03	15.61	15.90	15.61	0.29	1.8600	41233.19	6.525956e+04

5000 rows × 11 columns

```
In [3]: #将平安银行交易数据保存到本地
        td.to_csv("\\PingAnBank.csv")
In [4]: #A1(收盘价/均价):收盘价除以过去 10 日移动平均收盘价
        A1=td['close'].values/td['close'].rolling(10).mean()
In [5]: #A2(现量/均量):交易量除以过去 10 日移动平均交易量
        A2=td['vol'].values/td['vol'].rolling(10).mean()
```

In [6]: #A3(收益率):(当日收盘价 — 前日收盘价)/ 前日收盘价
A3=(td['close'].values-td['pre_close'].values)/td['pre_close'].values

In [7]: #A4(最高价／均价):最高价／过去10个交易日的移动均平均收盘价
A4=td['high'].values/td['close'].rolling(10).mean()

In [8]: #A5(最低价／均价):最低价／过去10个交易日的移动平均收盘价
A5=td['low'].values/td['close'].rolling(10).mean()

In [9]: #A6(极差):最高价 — 最低价(衡量波动性)
A6=td['high'].values-td['low'].values

In [10]: #A7(瞬时收益):收盘价 — 开盘价
A7=td['close'].values-td['open'].values

In [11]: #将数据保存为字典形式
X = {'A1':A1,'A2':A2,'A3':A3,'A4':A4,'A5':A5,'A6':A6,'A7':A7}
#将数据转化成数据框
X = pd.DataFrame(X)
X

Out[11]:

	A1	A2	A3	A4	A5	A6	A7
0	NaN	NaN	0.018082	NaN	NaN	0.36	0.07
1	NaN	NaN	0.029126	NaN	NaN	0.38	0.32
2	NaN	NaN	0.002433	NaN	NaN	0.14	0.04
3	NaN	NaN	-0.013600	NaN	NaN	0.14	-0.09
4	NaN	NaN	-0.005569	NaN	NaN	0.23	-0.08
...	...	...	...	...	...	...	...
4995	0.988997	1.555611	-0.009721	1.009061	0.981877	0.42	-0.17
4996	0.999741	0.914749	-0.001940	1.003628	0.991318	0.19	0.03
4997	1.001166	1.186132	-0.020899	1.024479	0.992099	0.50	-0.33
4998	1.019631	0.824920	0.002540	1.026734	1.008007	0.29	0.09
4999	1.014166	1.703939	-0.009434	1.043142	1.010947	0.50	-0.25

5000 rows × 7 columns

In [12]: #数据切片,从第10行开始到最后一行,删除空值NaN
X = X.iloc[9:-1,]
X

Out[12]:

	A1	A2	A3	A4	A5	A6	A7
9	0.992209	0.744656	0.004831	0.996979	0.976308	0.26	0.05
10	0.991617	0.929963	-0.015067	1.002794	0.982834	0.25	-0.08
11	1.007671	1.040242	-0.000792	1.018859	0.995685	0.29	-0.07
12	1.006380	1.136717	0.017742	1.009569	0.980861	0.36	0.22
13	0.988284	1.338759	0.004862	0.999442	0.982705	0.21	0.07
...	...	...	...	...	...	...	...
4994	0.990444	1.268041	0.003927	0.994964	0.982051	0.20	0.06
4995	0.988997	1.555611	-0.009721	1.009061	0.981877	0.42	-0.17
4996	0.999741	0.914749	-0.001940	1.003628	0.991318	0.19	0.03
4997	1.001166	1.186132	-0.020899	1.024479	0.992099	0.50	-0.33
4998	1.019631	0.824920	0.002540	1.026734	1.008007	0.29	0.09

4990 rows × 7 columns

```
In [13]: Y=td['change'][9:-1]    #change 涨跌额
         #后一日收盘价-前一日收盘价 change 大于 0,表示上涨,记为 1
         Y[Y>0]=1
         #后一日收盘价-前一日收盘价 change 小于 0,表示下跌,记为-1
         Y[Y<=0]=-1
         #调整 Y 为 len(Y)行 1 列
         Y=Y.values.reshape(len(Y),1)
         Y
Out[13]: array([[ 1.],
                [-1.],
                [-1.],
                ...,
                [-1.],
                [-1.],
                [ 1.]])
In [14]:  #求和统计上涨下跌的天数
          counter_dict={}
          Y_num=list(map(int,np.array(Y)))
          for item in Y_num:
              if item in counter_dict:
                  counter_dict[item] += 1
              else:
                  counter_dict[item] = 1
          print("上涨的天数:",counter_dict[1])
          print("下跌的天数:",counter_dict[-1])
Out[14]:  上涨的天数:2388
          下跌的天数:2602
In [15]:  #划分训练集和测试集
          x_train=X.iloc[:len(X)-1000,:]        # 训练集的自变量
          Y_train=Y[:len(Y)-1000]               #训练集的因变量
          x_test=X.iloc[len(X)-1000:,:]         # 测试集的自变量
          Y_test=Y[len(Y)-1000:]                #测试集的因变量
```

8.3.3 构建 SVM 模型

我们可以通过调用 sklearn.svm.SVC 函数构建 SVM 模型,使用 rbf 参数时,函数模型的拟合效果最好。具体代码如下

```
In [16]:  #使用rbf参数时函数模型的拟合效果最好
          clf = svm.SVC(kernel='rbf')
          #将数组拉成一维数组
          Y_train = Y_train.ravel()
In [17]:  #训练SVM模型
          clf.fit(x_train, Y_train)
Out[17]:  SVC(C=1.0, break_ties=False, cache_size=200, class_weight=None, coef0
          =0.0,
              decision_function_shape='ovr', degree=3, gamma='scale', kernel='rbf',
              max_iter=-1, probability=False, random_state=None, shrinking=True,
              tol=0.001, verbose=False)
In [18]:  #计算模型准确率(针对训练数据)
          accuracy=clf.score(x_train, Y_train)
          accuracy
Out[18]:  0.8837092731829574
```

8.3.4 预测效果分析

使用predict()函数给出测试集的预测结果,预测涨跌趋势准确率为92.3%。实验结果表明,构建的SVM模型对于股票涨跌趋势预测具备显著的效果。相关代码如下

```
In [19]:  #用训练好的分类器去预测
          R=clf.predict(x_test)
In [20]:  R=R.reshape(len(R),1)              #调整Y为len(Y)行1列
          Z=R-Y_test
          accTest=len(Z[Z==0])/len(Z)          #计算预测准确率
          accTest
Out[20]:  0.923
```

第 9 章 深度神经网络

9.1 LSTM 概述

人工神经网络是被设计用来模拟人类大脑的工作方式来处理问题的模型。神经网络的工作方式类似一个黑盒子,它根据输入的数据来得出分类或回归的预测结果。

深度神经网络(deep neural network,DNN)指的是层数较多的神经网络。通常情况下,人们通过增加神经网络的层数来提高模型的学习能力。深度神经网络作为深度学习的核心模型,经常被设计用于图像处理分类、语音识别等领域,并且取得了很好的效果。经典的深度神经网络有全连接神经网络(full connected neural networks,FCNN)、循环神经网络(recurrent neural networks,RNN)、长短期记忆网络(long-short term memory networks,LSTM)、卷积神经网络(convolutional neural networks,CNN)等。不同模型的不同之处主要在于它们不同的模型结构,指的是神经元之间不同的连接方式,而与其他参数没有多少关系。

本章重点讨论 LSTM。关于 LSTM 的论文首次发表于 1997 年,由于独特的设计结构,LSTM 适合处理和预测时间序列中间隔和延迟非常长的重要事件。

LSTM 通过引入门控机制来控制信息的累积速度,包括有选择地加入新的信息,并有选择地遗忘之前累积的信息,从而改善了循环神经网络的长程依赖问题以及缓解了长序列训练过程中的梯度消失问题。

在 LSTM 中,有一个重要的概念是 cell,它是作为存储和转换信息的结构。每个 cell 有三个门,分别是输入门、遗忘门和输出门,它们的作用是控制信息的流动和更新。输入门负责控制新信息的进入,遗忘门负责遗忘无用的旧信息,输出门负责控制信息的输出。这种机制使得 LSTM 可以更有效地处理和记忆信息,并在训练过程中实现更佳的性能。

LSTM 的表现通常比时间递归神经网络及隐马尔可夫模型(hidden Markov model,HMM)更好,例如在机器翻译、机器人控制、图像分析、语音识别、文本摘要等领域。2009 年,用 LSTM 构建的人工神经网络模型赢得过 ICDAR 手写识别比赛冠军。作为非线性模型,LSTM 可作为复杂的非线性单元用于构造更大型的深度神经网络。

9.2 深度学习模型网络结构与工作原理

9.2.1 全连接神经网络

全连接神经网络(FCNN)也是狭义上的深度神经网络(DNN),其他各种深度神经网络是基于全连接神经网络出发的,最基础的原理都是由反向传播而来。FCNN 可分为输入层、隐藏层和输出层三个部分,由于网络结构中每一层的所有神经元节点都与上一层和下一层中的所有神经元节点相连接,因此被称为是全连接神经网络。

FCNN 由多个层组成,包括输入层、隐藏层和输出层。其网络结构为:①输入层。输入层负责接收原始数据,并将其传递给下一层。输入层的神经元数量取决于输入数据的维度。②隐藏层。隐藏层是全连接神经网络中的中间层,可以有多个。隐藏层的神经元数量可以自由设定,每个神经元都与前一层和后一层的所有神经元相连接。隐藏层负责学习和表示数据的复杂模式。隐藏层神经元的输入来自上一层神经元的输出,它们会对这些输入进行加权求和,并通过激活函数产生输出。③输出层。输出层是全连接神经网络的最后一层,负责输出网络的预测结果。输出层的神经元数量取决于任务的类型,例如,二分类任务的输出层通常有一个神经元,多分类任务的输出层有多个神经元。每个神经元的输出代表了对应类别的预测概率。

在隐藏层的每一层都加入了激活函数,使得神经网络能够拟合复杂的非线性关系。激活函数在神经网络中的一个主要作用就是引入非线性。如果没有激活函数,无论神经网络有多少层,它都只能表示线性函数,这大大限制了神经网络的表示能力。激活函数是非线性函数,所以只要是两个变量不能表示的线性关系的函数,就都在激活函数的范畴,常见的激活函数有 ReLU、Sigmoid、Tanh 等。

输入层的神经元通常不会应用激活函数,因为它们的任务主要是接收原始数据并传递给下一层,没有必要对这些数据做非线性变换。

对于输出层,是否使用激活函数以及使用哪种激活函数,很大程度上取决于特定的任务和数据类型。①分类任务。在二元分类或者多元分类任务中,输出层通常会应用激活函数,如 Sigmoid 或 Softmax,将原始输出转换为概率值。例如,在二元分类中,我们可以用 Sigmoid 函数将输出值压缩到 0 和 1 之间,表示两个类别的预测概率。在多元分类中,我们可以用 Softmax 函数将输出值转换为多个类别的概率分布。②回归任务。在回归任务中,我们通常需要预测一个连续的值,如房价或股票价格。在这种情况下,输出层通常不会应用激活函数,或者可能会应用一个线性激活函数,使得输出值可以覆盖一个连续的范围。

激活函数选取的理由还有以下几点。①计算效率。神经网络通常需要大量的计算,尤其是在训练过程中。所以简单的激活函数,如 ReLU 或 Sigmoid,可以被快速有效地计算;更复杂的非线性函数可能会增加计算的复杂性和时间。②梯度传播。在神经网络的训练过程中,我们使用梯度下降法来更新权重,这需要计算激活函数的导数。简单的激活函数,它们的导数通常也很简单,易于计算;而复杂的非线性函数的导数可能更难以计算,甚至可能在某些点上不可导。③实践效果。尽管在理论上,更复杂的非线性函数可能能够提供更强大的表示能力,但在实践中,使用简单的非线性函数(如 ReLU、tanh 和 Sigmoid)已经被证明是非常有效的。实际上,ReLU 函数由于其简单性和效果,在现代神经网络中广泛使用。④梯度消失和梯度爆炸问题。更复杂的非线性函数可能更容易遇到梯度消失或梯度爆炸问题,这会阻碍神经网络的训练。例如,Sigmoid 和 tanh 函数在输入值很大或很小时,其梯度接近于 0,会导致梯度消失问题。而 ReLU 函数则能够一定程度上缓解这个问题。

总的来说,选择何种激活函数是一个权衡的过程,需要考虑计算效率、训练稳定性、实践效果等因素。

接下来介绍全连接神经网络的工作原理。在训练神经网络时,会使用一种叫作反向传播(backpropagation)的算法,具体的操作过程有以下四个步骤:

第一步,前向传播:首先网络会进行前向传播操作,从输入层开始,依次通过每一层,最后到达输出层并生成预测值。在这个过程中,每一层的输入都是上一层的输出。

第二步,计算损失:当网络生成了预测值后,就可以计算出预测值与真实值之间的差异,也就是损失函数的值。

第三步,反向传播误差:这是反向传播的关键步骤。其开始于输出层,计算损失函数对每一层的参数(权重和偏置)的梯度。这一步通常通过链式法则完成。

第四步,更新参数:一旦计算出了每个参数的梯度,就可以使用这些梯度来更新参数。更新的方式通常是:新的参数值=原来的参数值-学习率×梯度。这个过程就是梯度下降的过程。

以上过程会反复进行,每进行一次,网络的预测值就会更接近真实值,损失函数的值就会更小,直到达到设定的迭代次数,或者损失函数的值已经足够小,训练过程才会结束。

全连接神经网络是人工神经网络中的一种基础结构,具有灵活的网络结构和广泛的应用场景,可以适应多种任务,如分类、回归等。虽然全连接神经网络对于处理复杂的时间序列或图像等数据时,其效果可能不如其他特定的网络结构,比如说循环神经网络(用于处理时间序列数据)和卷积神经网络(用于处理图像数据),但它仍然是深度学习领域的基础知识之一,值得深入学习。

9.2.2 循环神经网络

在传统的神经网络模型中,信息是从输入层到隐含层再到输出层,层与层之间是全连接的,每层之间的节点是无连接的。虽然其具有强大的非线性拟合能力,但却忽视了输入数据中的结构关系,无法捕捉蕴含在输入数据之中的序列关系,而序列数据比如语音数据、文本数据、时间序列数据都是人们日常工作生活中经常遇到的数据类型。在时间序列预测方面,传统的全连接神经网络及机器学习算法主要存在超参数过多,无法有效利用数据的时间序列信息等问题。

循环神经网络最早起源于1982年Saratha Sathasivam提出的霍普菲尔德网络,但因为在当时该算法实现起来非常困难,并没有广泛地应用。随后传统机器学习算法非常依赖人工提取的特征,并且基于全连接神经网络的方法存在参数过多、无法利用数据中的时间序列信息等问题,随着更有效的循环神经网络的不断提出,循环神经网络才重新被重视起来。循环神经网络凭借其独特的结构,可以充分挖掘时序信息,被广泛地应用于处理和预测序列数据,并在语音识别、时间序列、机器翻译等多个领域实现了重大的突破。

循环神经网络(RNN)在其网络结构中引入了定向循环,即每一时刻隐含层的输入不仅包括当前时刻的输入,还包括上一时刻隐含层的输出,从而能够反映出输入数据之间的前后序列关系。

图9-1为单层循环神经网络经典结构示意图,图9-2为沿着时间轴将循环神经网络展开的结构。从图9-1、图9-2可以看出,一个RNN单元每次接受两个输入x_t和h_{t-1},其中x_t为时间序列在t时刻的对应取值,h_{t-1}是一个RNN单元上一时刻的输出,也被称为隐藏状态,即一个RNN单元的输出同时作为了当前时刻的输出h_t和下一时刻的输入o_t,这是循环神经网络区别于传统神经网络的最明显特征。一个RNN单元的工作状态可用公式(9.1)描述:

$$h_t = f(W_1 \times h_{t-1} + W_2 \times x_t + b) \tag{9.1}$$

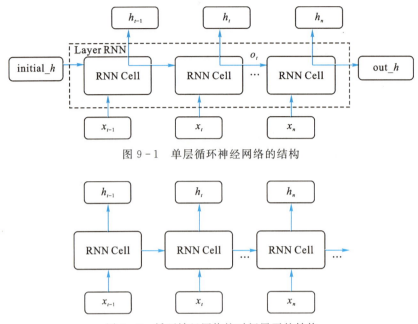

图 9-1 单层循环神经网络的结构

图 9-2 循环神经网络按时间展开的结构

其中，W_1 表示上一时刻 RNN 输出状态 h_{t-1} 的权重；W_2 表示当前时刻输入模型的时间序列 x_t 的权重；b 为偏置项；f 为激活函数，使用 tanh 作为激活函数。

在循环神经网络中，在每一个时间步均共享权重参数 W、U 和 V，从而极大地降低了网络中需要学习的参数数量。RNN 的训练就是采用随时间反向传播算法（back propagation trough time, BPTT）对权重参数 W、U 和 V 不断修正的过程。理论上，RNN 能够对任意长度的序列数据进行处理。但是在实践中，由于"梯度消失"的问题以及为了降低模型复杂性，往往假设当前的状态只与一定的之前时刻状态相关，即一般不会设定过大的时间步。

从 RNN 的结构不难看出，RNN 只能通过保留前一时刻的输出状态 h_{t-1} 来预测下一时刻的输出，这就是所谓的短期依赖（short-term dependencies）。然而，在大多数实际的时间序列建模问题中，下一时刻的输出结果不仅仅取决于前一时刻的状态，往往也会依赖更加久远的信息，即 $t-n$ 时刻的输出结果同样会对 t 时刻的输出状态产生影响，传统的循环神经网络无法解决该问题。

9.2.3 LSTM

针对循环神经网络无法解决时间序列建模工作中长期信息依赖的问题，Hochreiter 和 Schmidhuber 在 RNN 结构的基础上提出了 LSTM 结构，它是 RNN 计算模型的改进，有效解决了 RNN 中的"梯度消失"问题，适合处理和预测时间序列中间隔和延迟较长的问题。近年来，LSTM 在语音处理、行为识别、视频分析等领域得到了广泛应用。

作为 RNN 结构的变体，LSTM 保留了其核心的结构，即每一时刻每个 LSTM 单元的输入来自之前的 LSTM 单元的输出和当前时刻时间序列的值。区别在于每次输入 LSTM 单元的前期信息状态既包含了上一时刻 LSTM 单元的输出，还包含了更为久远的 LSTM 单元的输出。图9-3为LSTM的经典结构图,较为直观地展示了各LSTM单元协同工作传递信息的过程。

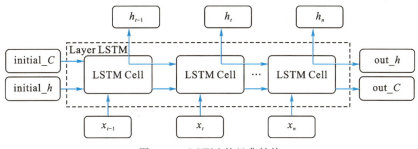

图9-3 LSTM的经典结构

在图9-3中,initial_C为经初始化的长期网络状态,该状态经过不同的权重参数加权不断地在各LSTM单元内流动,确保了长期信息的传递。initial_h为经初始化的短期网络状态,在任何时刻每个LSTM单元均会产生一个短期状态h,该状态经过不同的权重参数加权,一部分作为当前时刻的输出被送出LSTM单元,一部分作为下一时刻LSTM单元的输入被保留了下来,这就确保了短期信息的传递。不同的LSTM单元彼此联合,直至生成最终的输出out_h。

图9-4展示了一个LSTM单元的内部具体状态。在LSTM单元内部,存在着独特的"门"结构设计。所谓的"门"结构,实际上是一个Sigmoid函数,即$S(x)=\dfrac{1}{1+\mathrm{e}^{-x}}$激活函数,当短期状态$h_{t-1}$和当前时刻的时间序列值$x_t$进入激活函数后,输出的是一个介于由0到1之间的数所构成的向量。当输出向量值全为1时,"门"处于完全打开状态,所有的信息均可以通过;当输出向量值全为0时,"门"处于关闭状态,任何信息都无法通过。借助"门"结构,LSTM单元便可以有选择地进行信息过滤,从而形成了短期状态和LSTM所特有的长期状态。LSTM设计三个门控制记忆单元状态的信息量:一个是遗忘门(forget gate)。所谓的"遗忘",也就是"记忆的残缺"。它决定了上一时刻的单元状态有多少"记忆"可以保留到当前时刻。一个是输入门(input gate),它决定了当前时刻的输入有多少保存到单元状态。还有一个是输出门(output gate),它来控制单元状态有多少信息输出。

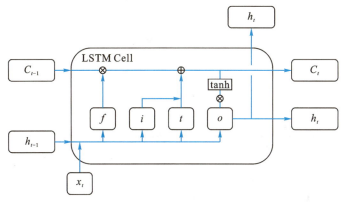

图9-4 LSTM单元的内部结构

具体来说，一个 LSTM 单元内部包含三个门结构：输入门（input gate）、遗忘门（forget gate）、输出门（output gate），对应图 9-4 中的 i、f、o。其中，输入门用以接收数据并控制输入数据的信息量；输出门用以控制输出状态的信息量；遗忘门负责控制长期状态信息被保留的程度。

1. 遗忘门

遗忘门的目的在于控制从前面的记忆中，丢弃多少信息，或者说要继承过往多大程度的记忆。以音乐个性化推荐为例，用户对某位歌手或某个流派的歌曲感兴趣，那么诸如点赞、转发和收藏等这样的正向操作，作为"记忆"，就需要得到加强（换句话说，就需要遗忘得少点）；反之，如果发生了删除、取消点赞或收藏等这类负向操作，对于推荐功能来说，它的信息就应该被遗忘得多一些。

假设长期状态 C_{t-1} 是 k 维的向量，当短期状态 h_{t-1} 和当前时刻的时间序列取值 x_t 进入 Sigmoid 激活函数后，经权重 W_t 处理变换则会生成一个 k 维、在每一个维度取值均为 0~1 的向量，该向量即为遗忘门。遗忘门 f_t 会对长期状态 C_{t-1} 在每个维度的取值进行信息过滤，进而生成长期状态 C_{t-1} 的有效信息 f_{in} 作为当前时刻 LSTM 单元的输入：

$$f_t = \text{Sigmoid}(W_f \times [x_t + h_{t-1}] + b_f) \tag{9.2}$$

$$f_{in} = f_t \times C_{t-1} \tag{9.3}$$

遗忘门是通过将前一隐层的输出 h_{t-1} 与当前的输入 x_t 进行了线性组合，然后利用激活函数，将其输出值压缩到 0 到 1 的区间之内。当输出值越靠近 1，表明记忆体（cell block）保留的信息就越多；反之，越靠近 0，表明保留的信息就越少。

2. 输入门

输入门的作用在于，它决定了当前时刻的输入信息 x_t 以多大程度添加至记忆信息流中，它的计算公式几乎和遗忘门完全一致（除了下标和标识不同外），激活函数也使用 Sigmoid 函数。同理，短期状态 h_{t-1} 和当前时刻的时间序列取值 x_t 会生成一个输入门 i_t，当前时刻的输入 I_t 进入输入门后，便会生成 LSTM 单元的另一个输入 I_{in}。其中，I_t 是短期状态 h_{t-1} 和当前时刻时间序列取值 x_t 经激活函数 tanh 非线性转换所得到的。

$$i_t = \text{Sigmoid}(W_i \times [x_t + h_{t-1}] + b_i) \tag{9.4}$$

$$I_t = \tanh(W_t \times [x_t + h_{t-1}] + b_t) \tag{9.5}$$

$$I_{in} = i_t \times I_t \tag{9.6}$$

3. 候选门

候选门可视为一个"勾兑门"，它主要负责"勾兑"当前输入信息和过去记忆信息，也就是候选门负责计算当前输入的单元状态 h_t。I_{in} 与式(9.3)得到的 f_{in} 共同作为 LSTM 单元的输入，两者线性相加即可实现长期状态由 C_{t-1} 到 C_t 的更新，将新的长期状态 C_t 进行 tanh 非线性转换，并将转换的结果经过输出门 o_t 便可得到当前 LSTM 单元的最终输出 h_t。

$$C_t = I_{in} + f_{in} \tag{9.7}$$

$$h_t = o_t \times \tanh(C_t) \tag{9.8}$$

其中，o_t 代表 Sigmoid 激活函数层的输出，h_t 代表该时刻记忆单元的输出，即隐含状态，这里激活函数换成了 tanh，它可以把输出值规整到 -1 和 1 之间。

4. 输出门

内部的记忆状态更新完毕之后,下面就要决定是不是输出了。输出门的作用在于,它控制着有多少记忆可以用于下一层网络的更新中。输出门的计算可用式(9.9)表示。

$$o_t = \text{Sigmoid}(W_o \times [x_t + h_{t-1}] + b_o) \tag{9.9}$$

其中,W_o 代表 Sigmoid 激活函数层的权重参数;b_o 代表 Sigmoid 激活函数层的偏置参数。这里激活函数依然是用 Sigmoid。通过前面的介绍可知,Sigmoid 会把 o_t 规则化为一个 0 到 1 之间的权重值。

前面讨论了 LSTM 的网络结构,实际上只讨论了它的前向传播工作原理,实际上 LSTM 要通过调整网络参数训练算法,LSTM 的参数训练算法,依然是我们熟悉的反向传播算法。对于这类反向传播算法,它们遵循的流程都是类似的,简单说来,主要有如下三个步骤:

(1)前向计算每个神经元的输出值。对于 LSTM 而言,依据前面介绍的流程,按部就班地分别计算出 f_t,i_t,C_t,o_t 和 s_t。

(2)确定优化目标函数。在训练早期,输出值和预期值会不一致,于是可计算每个神经元的误差项值,借此构造出损失函数。

(3)根据损失函数的梯度指引,更新网络权值参数。与传统 RNN 类似,LSTM 误差项的反向传播包括两个层面:一个是空间上层面的,将误差项向网络的上一层传播;另一个是时间层面上的,沿时间反向传播,即从当前 t 时刻开始,计算每个时刻的误差。然后跳转到第(1)步,重新做第(1)步、第(2)步和第(3)步,直至网络误差小于给定值。

9.2.4　LSTM 与 RNN 的区别

通过上述分析可以看出,LSTM 与 RNN 在本质上既有相似又有不同。两种方法的共同核心点也是区别于传统人工神经网络的创新点:模型每次的输入数据不是彼此相互独立的,而是通过将过去的输出与当前时刻的时间序列的取值共同作为当前时刻模型的输入,从而实现了数据的联动和信息的共享。两种方法最明显的区别在于:两种方法使用了不同长度的过去输出信息作为当前的输入。具体来讲,RNN 与 LSTM 的差异体现在如下三个方面。

(1)输入数据方面。每个 RNN 与 LSTM 单元输入均来自隐藏状态和当前时刻时间序列的取值,但是每个 RNN 单元输入的隐藏状态只有短期状态,即前一时刻 RNN 单元的输出 h_{t-1},也被称为短期记忆。而 LSTM 单元所输入的隐藏状态由两部分组成,其一是长期状态 C_{t-1},也即长期记忆,长期状态不作为 LSTM 单元的直接输出,而是通过 LSTM 的门结构在 LSTM 单元间迭代更新;其二是短期状态 h_{t-1},也即短期记忆,LSTM 的短期状态类似于 RNN 的短期状态,为上一时刻 LSTM 单元经过输出门结构处理之后所产生的输出。

(2)内部结构方面。LSTM 有独特的门结构设计,借助输入门、遗忘门、输出门等内部网络结构设计,LSTM 可以有选择地进行过滤信息进而形成了长期状态和短期状态;而 RNN 内部并没有类似的结构设计。

(3)模型性能方面。其一,由于模型的设计原因,使得 RNN 无法在时间序列建模问题当中解决数据"长期依赖"的问题;其二,由于采取了梯度下降法进行模型的训练,故在对损失函数求导的过程中,RNN 会产生"梯度爆炸""梯度消失"等问题,从而导致模型无法收敛。LSTM 是对 RNN 的一种改进,因此在性能上,LSTM 要优于 RNN。

9.3 案例:股票价格预测的 Python 实战

9.3.1 LSTM 的 Python 函数

LSTM 是一种常见的循环神经网络(RNN)结构,特别适用于处理和预测时间序列数据。我们可以按照以下流程来实现 LSTM 函数的使用:

(1)数据预处理:数据预处理是任何机器学习任务中的重要一步,它包括数据清洗、数据转换和数据归一化等操作。

(2)构建模型:使用 Keras 库中的 Sequential 模型,我们可以构建一个包含 LSTM 层的神经网络模型。

(3)编译模型:在训练模型之前,我们需要编译模型,该步骤包括设置损失函数、优化器和评估指标等。

(4)训练模型:我们将使用训练数据对模型进行训练,并评估模型的性能。

(5)预测:使用训练好的模型对新的数据进行预测。

9.3.2 数据预处理

在使用 LSTM 函数之前,我们需要对数据进行预处理。通常,我们需要将数据分割成输入序列和输出序列。对于时间序列数据,我们需要根据输入序列预测输出序列。

首先,我们需要导入所需的库和模块,具体代码如下

```
In [1]:  # Numpy 库用于科学计算
         import numpy as np
         # Keras 库是一个高级神经网络 API,用于构建、训练和测试深度学习模型
         from keras.models import Sequential
         # Keras 库的 LSTM 和 Dense 层用于构建循环神经网络和全连接层
         from keras.layers import LSTM, Dense
         # Matplotlib 库用于绘制图形
         import matplotlib.pyplot as plt
         # 从 Tushare 挖地兔财经网站下载股票数据
         import tushare as ts
```

其次,我们可以从 Tushare 财经网站上获得股票数据。例如,平安银行股票从 2020 年 1 月 1 日起至 2023 年 10 月 1 日的日线行情数据。具体代码如下

```
In [2]:  pro = ts.pro_api()
         df = pro.daily(ts_code='000001.SZ', start_date='20200101', end_date='20231010')
         print(df.head())
```

Out[2]:		ts_code	trade_date	open	high	...	pct_chg	vol	amount
	0	000001.SZ	20231010	11.19	11.20	...	−0.8101	820748.51	910160.342
	1	000001.SZ	20231009	11.16	11.17	...	−0.8036	695828.09	772959.353
	2	000001.SZ	20230928	11.19	11.24	...	0.2686	520696.78	583649.730
	3	000001.SZ	20230927	11.15	11.22	...	0.0896	490310.61	547905.821
	4	000001.SZ	20230926	11.22	11.26	...	−0.5348	444980.35	497885.811

[5 rows x 11 columns]

再次，作为时间序列的模型，我们只保留了收盘价一个变量(日期变量也被删除)。具体代码如下

```
In [3]: #选取数据框中'close'列的数据
        df = df[['close']]
        #将数据转换成numpy数组
        data = df.values
```

最后，我们要准备训练数据和测试数据。训练数据是用于训练模型的数据，测试数据是用于评估模型性能的数据。注意，你可以根据自己的数据来源和需求来准备数据。例如，下面示例设置80%为训练数据，20%为测试数据。具体代码如下

```
In [4]: #将训练集的数据量设置为总数据量的80%
        train_len = int(len(data) * 0.8)

        #对数据进行归一化处理
        from sklearn.preprocessing import MinMaxScaler
        scaler = MinMaxScaler(feature_range=(0, 1))
        data = scaler.fit_transform(data)

        #将数据集分为训练集和测试集
        train_data = data[0:train_len,:]
        test_data = data[train_len:len(data),:]
```

9.3.3 构建LSTM模型并预测

首先，定义一个函数，用于创建输入序列和输出序列。函数的输入为序列数据和序列的长度，函数的输出为一个二元组，其中第一个元素是一个包含序列的NumPy数组，第二个元素是包含下一个值的NumPy数组。

根据自定义函数create_sequences()创建LSTM模型的输入序列和输出序列，可以设置时间步长为20天的数据进行预测。具体代码如下

```
In [5]: '''
        功能:创建序列的函数
        输入:序列数据,序列数据的长度。
        输出:二元组,其中第一个元素是一个包含序列的numpy数组,第二个元素是包含下一个值的numpy数组。
```

```
                '''
                def create_sequences(data, seq_length):
                    X = []
                    y = []
                    for i in range(len(data)-seq_length-1):
                        X.append(data[i:(i+seq_length), 0])
                        y.append(data[i+seq_length, 0])
                    return np.array(X), np.array(y)
```

In [6]:
```
# 创建输入序列和输出序列
# 时间步长:使用前20天数据进行预测
seq_length = 20
X_train, y_train = create_sequences(train_data, seq_length)
X_test, y_test = create_sequences(test_data, seq_length)

# 将输入数据的维度调整为 LSTM 模型所需的形状
X_train = np.reshape(X_train, (X_train.shape[0], X_train.shape[1], 1))
X_test = np.reshape(X_test, (X_test.shape[0], X_test.shape[1], 1))
```

其次,定义 LSTM 模型,可分为以下四个步骤。

第一步:可使用 Keras 库的 Sequential() 函数构建、训练和测试线性堆叠深度学习模型,该模型使用了两个 LSTM 层和一个全连接层。

第二步:在第一步建立好的模型上添加 LSTM 层。使用 add() 函数将 LSTM 层添加到模型中,其中,LSTM 层有 50 个 LSTM 单元,输入形状为训练数据的形状,且输出层为一个序列。LSTM 层的参数包括 units(神经元个数)和 input_shape(输入序列的形状)。

第三步:将另外一个 LSTM 层添加到模型中,其中,LSTM 层仍有 50 个 LSTM 单元。不同的是,没有指定 return_sequences 参数,因此该层默认输出一个标量。

第四步:将一个全连接层添加到模型中,该层有一个单元,即输出一个标量。

具体代码如下

In [7]:
```
# 定义了一个名为 model 的神经网络模型,该模型使用了两个 LSTM 层和一个全连接层。
model = Sequential()
```

In [8]:
```
# 添加第一个 LSTM 层,该层上有 50 个 LSTM 单元,输入形状为训练数据的形状,输出层为一个序列。
model.add(LSTM(units=50, return_sequences=True, input_shape=(X_train.shape[1], 1)))
```

In [9]:
```
# 添加第二个 LSTM 层,该层上有 50 个 LSTM 单元,输出一个标量。
model.add(LSTM(units=50))
```

In [10]:
```
# 添加一个全连接层,该层有一个单元,即输出一个标量。
model.add(Dense(units=1))
```

再次，编译和训练模型。LSTM 模型一般使用 Adam 优化器来优化深度神经网络，Adam 是一个非常新的、表现良好的优化器，使用 mean_squared_error 作为损失函数。Keras Model 上的 fit() 方法返回一个 History 对象。history.history 属性是一个记录了连续迭代的训练/验证损失值和评估值的字典。

In [11]: #编译模型。
model.compile(optimizer='adam', loss='mean_squared_error', metrics=['accuracy'])

In [12]: #训练模型。
history = model.fit(X_train, y_train, epochs=100, batch_size=32, validation_split=0.2)

最后，模型训练结束后，使用 Matplotlib 绘制训练集和验证集的损失图。loss 是模型预测值和真实值的相差的值，反映模型预测的结果和真实值的相差程度。通常，loss 越小越好。通过损失图可以看出 loss 是如何随着训练的迭代次数的增加而下降的。这是一个好兆头，表明模型正在学习一些有用的东西。具体代码如下

In [14]: #绘制训练 & 验证集的损失值
plt.plot(history.history['loss'])
plt.plot(history.history['val_loss'])
plt.title('Model loss')
plt.ylabel('Loss')
plt.xlabel('Epoch')
plt.legend(['Train', 'Test'], loc='upper left')
plt.show()

Out[14]:

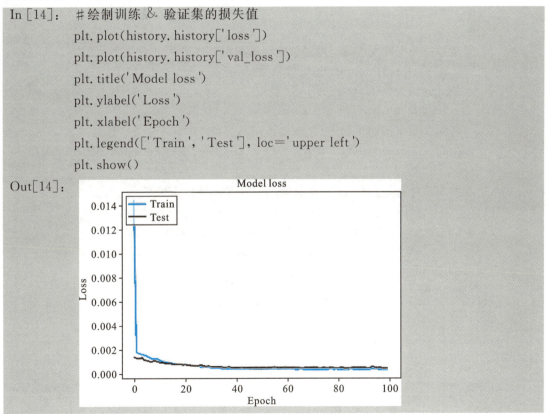

9.3.4 预测结果可视化

模型训练完成后，可使用训练好的模型对测试集进行预测。使用 Matplotlib 绘制实际股票价格、训练集预测结果和测试集预测结果的图形。具体代码如下

In [15]: #使用训练好的模型进行预测
train_predict = model.predict(X_train)
test_predict = model.predict(X_test)

In [16]: #反归一化,获取实际的价格数据
train_predict = scaler.inverse_transform(train_predict)
y_train = scaler.inverse_transform([y_train])
test_predict = scaler.inverse_transform(test_predict)
y_test = scaler.inverse_transform([y_test])

#创建一个形状与"data"相同的空训练数组
train_predict_plot = np.empty_like(data)
#用 nan 填充"train_predict_plot"数组
train_predict_plot[:, :] = np.nan
#将训练集预测结果插入到"train_predict_plot"数组的适当位置
train_predict_plot[seq_length:len(train_predict)+seq_length, :] = train_predict

#创建一个形状与"data"相同的空测试数组
test_predict_plot = np.empty_like(data)
#用 nan 填充"test_predict_plot"数组
test_predict_plot[:, :] = np.nan
#将测试集预测结果插入到"test_predict_plot"数组的适当位置
test_predict_plot[len(train_predict)+(seq_length*2)+1:len(data)-1, :] = test_predict

In [17]: #绘制实际股票价格、训练集预测结果和测试集预测结果
plt.plot(scaler.inverse_transform(data), label='Actual Stock Prices')
plt.plot(train_predict_plot, label='Training Predictions')
plt.plot(test_predict_plot, label='Testing Predictions')
plt.legend()
plt.show()

Out[17]:

蓝色曲线为真实输出,黑色曲线为训练数据的预测输出,灰色曲线为测试数据集的预测输出。从图中可以看出,模型预测效果还是比较好的。

9.3.5 预测效果分析

模型训练完成后,可以使用测试集来评估模型的性能。通常情况下,可以计算预测值与真实值之间的均方根误差(RMSE)和平均绝对百分比误差(MAPE)来评估模型的准确性。

具体代码如下:

```
In [18]:  #导入均方误差和平均绝对百分比误差的计算方法
          from sklearn.metrics import mean_squared_error, mean_absolute_percentage_error
In [19]:  #计算训练数据的均方根误差(RMSE)
          train_rmse = np.sqrt(mean_squared_error(y_train[0], train_predict[:,0]))
          #打印训练数据的均方根误差(RMSE)
          print('Train RMSE: ', train_rmse)
Out[19]:  Train RMSE: 0.3209734505899645
In [20]:  #计算测试数据的均方根误差(RMSE)
          test_rmse = np.sqrt(mean_squared_error(y_test[0], test_predict[:,0]))
          #打印测试数据的均方根误差(RMSE)
          print('Test RMSE: ', test_rmse)
Out[20]:  Test RMSE: 0.5554887223047654
In [21]:  #计算训练数据的平均绝对百分比误差(MAPE)
          train_mape = mean_absolute_percentage_error(y_train[0], train_predict[:,0])
          #打印训练数据的平均绝对百分比误差(MAPE)
          print('Train MAPE: ', train_mape)
Out[21]:  Train MAPE: 0.015042104440804123
In [22]:  #计算测试数据的平均绝对百分比误差(MAPE)
          test_mape = mean_absolute_percentage_error(y_test[0], test_predict[:,0])
          #打印测试数据的平均绝对百分比误差(MAPE)
          print('Test MAPE: ', test_mape)
Out[22]:  Test MAPE: 0.019865944365370074
```

从 RMSE 和 MAPE 这两个值来看,并不是很大,说明 LSTM 建模效果良好。

大家在练习该案例时,可通过比较不同时间步长,以及 LSTM 模型参数、输入数据等指标对模型预测效果的影响,从而找到更有效的股票价格预测模型。参数对 LSTM 性能的影响主要体现在以下几个方面:

(1)影响模型的学习能力:不同的参数设置会导致网络的学习能力不同,从而影响模型在训练集和测试集上的表现。

(2)影响模型的泛化能力:参数设置过于复杂可能导致模型在测试集上过拟合,而参数设置过于简单可能导致模型欠拟合。

(3)影响模型的训练速度:参数数量的增加会导致计算量的增加,从而影响模型的训练速度。

参考文献

[1] 丁鹏. 量化投资:策略与技术(精装版)[M]. 北京:电子工业出版社,2016.

[2] 蔡立耑. 量化投资:以 Python 为工具[M]. 北京:电子工业出版社,2017.

[3] 濮元恺. 量化投资技术分析实战:解码股票与期货交易模型[M]. 北京:电子工业出版社,2018.

[4] 周志华. 机器学习[M]. 北京:清华大学出版社,2016.

[5] 李航. 统计学习方法[M]. 2 版. 北京:清华大学出版社,2019.

[6] 张彦桥,梁雷超. Python 量化交易:策略、技巧与实战[M]. 北京:电子工业出版社,2019.

[7] 李涵. 量化交易核心策略开发:从建模到实战[M]. 北京:机械工业出版社,2019.

[8] 韩焘. 量化投资:交易模型开发与数据挖掘[M]. 北京:电子工业出版社,2020.